Manfred J. Müller

Menschlichkeit kennt keine Grenzen.

Dummheit aber auch nicht!

© Manfred Julius Müller, Flensburg
1. Auflage November 2015
2. Auflage Dezember 2015
Alle Rechte liegen beim Autor.
Herstellung und Verlag: BoD – Books on Demand, Norderstedt
ISBN 9783739210872

Inhalt:

Einleitung	4
Auf nach Deutschland!	5-15
Die Rechtslage	16-18
Die Instrumentalisierung des demografischen Wandels	19-26
Die dreiste Proklamation des Fachkräftemangels	27-37
Wie entsteht ein Fachkräftemangel?	38-39
Bildung und Integration	40
Deutschland ist kein Einwanderungsland!	41-45
Warum ist die Bevölkerungsexplosion kein Thema?	46-47
Wer zahlt?	48-54
„Wir können doch nichts dafür ..."	55-57
„Wir können die Völkerwanderung nicht stoppen!"	58-59
Die ewigen Schuldzuweisungen	60-61
Wie manipuliert man die Öffentlichkeit?	62-64
Warum werden Wahrheiten so verdreht?	65-69
„Die EU muss es hinbekommen!"	70-73
Dann scheitert Europa ...	74
Ist das christlich?	75-77
Welche Schlussfolgerungen ergeben sich bei einer aufrichtigen Analyse des Problems?	78-79
Wie geht es weiter?	80-81
Schlusswort	82
Nach Deutschland kommen ausschließlich Wirtschaftsflüchtlinge!	83

Einleitung

Ist Deutschland machtlos? Ist der Bürger machtlos? Muss man wirklich erdulden, dass sich unser Staat grundlegend ändert?

Weil die seit gut 100 Jahren anhaltende Bevölkerungsexplosion ihren Tribut fordert und wahre Völkerwanderungen auslöst? Weil islamischer Fanatismus die arabische Welt destabilisiert? Weil die Sehnsucht nach einem besseren Leben Westeuropa (und vor allem Deutschland) besonders attraktiv erscheinen lässt? Weil viele Menschen in Afrika und Asien keine Geduld mehr haben und es ihnen zu mühselig ist, Reformen im eigenen Land zu erstreiten?

Klare Ansage: Ich bin nicht der Meinung, dass Europa (bzw. Deutschland) einen ungebrochenen Flüchtlingsansturm erdulden muss! Die wohlfeilen Forderungen linkspopulistischer Politiker und Parteien halte ich für verhängnisvoll!

Eine Akzeptanz dieser Völkerwanderung dürfte schon bald eine Katastrophe auslösen und unsere christlichen Werte erschüttern. Die schleichende Vereinnahmung Westeuropas durch Flüchtlinge würde global gesehen auch keine Probleme lösen. Sie würde vielmehr neue Probleme schaffen! Denn solange es für den rasanten Geburtenanstieg in Afrika und Asien ein europäisches Ventil gibt, braucht an der dortigen Familienpolitik nichts geändert werden.

Grundlegend ändern würde sich aber unser Europa. Die zigmillionenfache Aufnahme verfeindeter Ethnien würde diesen christlich-liberal geprägten Erdteil in einen fremden- und wirtschaftsfeindlichen Krisenherd verwandeln.

Manfred Julius Müller

Gutmenschen im Freudentaumel

„REFUGEES WELCOME
ÖFFNET ALLE GRENZEN!"

ruft man so laut, dass es selbst im fernen Afrika und Asien nicht zu überhören ist.

„Menschlichkeit kennt keine Grenzen!"
Politik und Medien scheinen den Bezug zur rauen Wirklichkeit verloren zu haben. Sie unterstützen mehrheitlich eine Willkommenskultur, die am Ende den Untergang Deutschlands, wenn nicht gar Europas, nach sich ziehen wird.

Auf nach Deutschland!

Ist Deutschland nicht in der Lage, sich gegen den millionenfachen Asylmissbrauch zu wehren?
Allein in diesem Jahr (2015) erwartet Deutschland über 1 Million Asylanten. Während andere EU-Staaten sich gegen die Flut der Flüchtlinge abschotten, verlangen unsere Politiker von ihren Bürgern eine Willkommenskultur.

**„Jeder hat das Recht,
in Deutschland Asyl zu beantragen!"**
Manche Spitzenpolitiker versprechen weit mehr, als sie halten können. Wie können sie in die Weltöffentlichkeit hinausposaunen, jeder Ausländer könne bei uns Asyl beantragen? Gelten unsere eigenen Gesetze denn gar nichts mehr? Zudem scheint es mir mehr als kühn anzunehmen, wir könnten in Deutschland 7,5 Milliarden Menschen aufnehmen.

Nicht einmal 10 % der Menschheit, also 750 Millionen Asylanten, könnten wir bei uns unterbringen. Und noch weiter gedacht: Selbst wenn nur 1 % der Ausländer auf die großherzigen Einladungen unserer Politiker reagieren – 75 Millionen Asylanten könnte Deutschland auch schwerlich verkraften.

Ergo: Unsere Politiker vertrauen darauf, dass über 99,9 % der Weltbevölkerung von ihrem „Asylrecht" keinen Gebrauch machen.

**Allein aus Syrien wollen aktuell
3,5 Millionen Menschen fliehen!**
Die meisten von ihnen natürlich nach Deutschland. Weitere vier Millionen Syrer warten in libanesischen Lagern und der Türkei auf bessere Zeiten (bzw. Gelegenheiten, nach Westeuropa zu kommen). Aber Syrien ist ja nicht der einzige Krisenherd. Die Afghanen sind auch schutzbedürftig, die Iraker ebenso. Im Irak befinden sich bereits 3,5 Millionen Menschen auf der Flucht. In vielen weiteren islamischen und afrikanischen Staaten brodelt es. Haben alle Kriegsflüchtlinge wirklich das Recht, von uns versorgt zu werden bzw. hier Asyl zu beantragen? Dann sollte man unsere Bevölkerung doch schnellstens über diese Sachlage aufklären und die Gesetzestexte, auf die man sich berufen möchte, vorlegen.

10 Millionen Roma würden auch gerne kommen!
Über 10 Millionen Roma leben in der EU, nirgends sind sie gern gesehen und fast überall werden sie diskriminiert. Aber auch eine vorhandene Diskriminierung ist kein Asylgrund. Deutschland kann nicht zusätzlich auch noch zehn Millionen Roma in sein längst überfordertes Sozialsystem aufnehmen. Auch wenn die anderen EU-Staaten eine solche Lösung anstreben oder gutheißen würden.

**Die Bevölkerung in Afrika hat sich
in den letzten 100 Jahren verachtfacht!**
Für die nächsten 100 Jahre erwartet man eine weitere Vervierfachung. Weil in vielen afrikanischen Kulturen eine verantwortungsvolle Familienplanung noch immer verpönt ist. Und da der afrikanische Kontinent viele seiner Bürger nicht richtig satt bekommt (auch weil in vielen Gebieten immer noch Warlords ihr Unwesen treiben), kommt man halt ins „reiche" Europa. Denken unsere Politiker wirklich, dies könne immer so weitergehen, man könne das Problem aussitzen?

Doch was ist, wenn das christliche Europa schleichend afrikanisiert wird? Kommt es hier dann nicht auch zu einer Bevölkerungsexplosion (vor allem angesichts der paradiesischen Sozialleistungen, der hohen Kindergelder usw.). Und wird aus dem christlichen Europa nicht langsam aber sicher ein islamisches Europa mit islamischen Gottesstaaten? Ist das wirklich alles so weit weg und unwahrscheinlich?

„Aber es gibt bei uns doch keine Arbeit!"
Ja, es stimmt, die Beschäftigungslage ist in den meisten Entwicklungsländern miserabel. Aber die Situation bessert sich nicht, indem die Eliten ihr Land im Stich lassen.
  Neben den bekannten Missständen (Korruption, behördliche Willkür, Bürgerkriege, mangelhafte Verwaltung) zeichnet vor allem ein Umstand für die Massenarbeitslosigkeit verantwortlich: Der Freihandelswahn bzw. mangelhafte Zollgrenzen. Ein Großteil der Kaufkraft in wirtschaftlich schwachen Staaten fließt in den Erwerb von Importwaren. Importwaren, die bei hohen Einfuhrzöllen auch im Inland selbst hergestellt werden könnten, wenn auch vielleicht nicht in der erwünschten internationalen Spitzenqualität. Man bedenke: <u>Selbst die kleine, durch die kommunistische Planwirtschaft gebeutelte DDR schaffte es seinerzeit, fast alle Bedarfsartikel selbst herzustellen.</u>
  Gegen die internationale Konkurrenz, die ihre angesagten Markenprodukte in Billiglohnländern oder vollautomatischen Fabriken herstellen lassen, kann die junge Wirtschaft eines Entwicklungslandes nie und nimmer anstinken. Deshalb braucht es einfach hohe Einfuhrzölle, um eine gewisse Chancengleichheit wieder herzustellen. Die Zolleinnahmen wiederum können eingesetzt werden, um die heimische Wirtschaft zu fördern (günstige Firmen-Kleinkredite zu vergeben), die Bildung und Infrastruktur zu verbessern und ganz allmählich einen Sozialstaat (mit Altersrenten) aufzubauen.

Afrika boomt!
Aus den Wirtschaftsseiten der Presse erfahren wir, wie afrikanische Staaten sich immer mehr berappeln. Oft wird sogar von einem regelrechten Wirtschaftsboom gesprochen.
  Wenn dem so ist (was ja sehr erfreulich wäre), warum kommen dann die Afrikaner nicht auf die Idee, in einen aufstrebenden afrikanischen Nachbarstaat zu flüchten? In Afrika gibt es immerhin über 50 unabhängige Staaten.
  Warum muss es unbedingt Deutschland oder Westeuropa sein? Vermutlich doch nur, weil man sich hier ein besseres Leben erhofft und inzwischen genug Kohle hat, kriminelle Schleuser für die weite, gefährliche Reise anzuheuern.

„Wenn wir uns nicht um die 3. Welt kümmern,
dann kommt die 3. Welt eben zu uns!"
Diese Weisheit wird uns permanent von oberschlauen Politologen und Menschenverstehern um die Ohren gehauen.

Eine unnötige Drohung und Selbstanklage, die wiederum die Flüchtlinge in ihrem Anspruchsdenken und Selbstbewusstsein bestärkt. Doch was erwartet man da eigentlich von Europa und Deutschland? Wieso sind ausgerechnet „wir" verantwortlich für das Elend in Afrika und Asien? Sollen deutsche Soldaten den islamischen Fanatismus in Afrika und Asien bekämpfen? Sollen deutsche Verwaltungsbeamte und Polizisten die Willkür und Korruption eindämmen?

Auch den Europäern sind Rechtsstaatlichkeit, Freiheit und Fortschritt nicht in den Schoß gefallen. Es brauchte qualvolle Jahrhunderte und kostete Millionen von Menschenleben, um die feudalen Strukturen niederzuringen und sich Schritt für Schritt einen besseren Wohlstand und freiheitlich-demokratische Gesellschaftsstrukturen zu erkämpfen.

Es scheint fast, als wären viele Flüchtlinge heute nicht bereit, ähnliche Opfer zu bringen. Denn immer wieder hört man von ihnen Sätze wie „Ich lebe nur einmal, ich will mein Leben jetzt genießen, ich habe ein Anrecht darauf!"

Es folgt die Familienzusammenführung ...
Die nach Deutschland geschleusten Flüchtlingsströme bilden in der Regel nur die Vorhut. Bei den Flüchtlingen aus Kriegs- und Krisengebieten (Syrien, Irak, Afghanistan usw.) liegt die Anerkennungsquote bei fast 100 Prozent (weshalb sich zum Beispiel oft auch Libanesen als Syrer ausgeben).

Zwei Drittel der Menschen, die hier ein Bleiberecht erwirken, lassen ihre Familienangehörigen nachkommen. Wie soll das enden, wo doch die Erdbevölkerung weiter wächst und immer neue Krisenherde entstehen? Wie lange dauert es noch, dass Deutsche ohne Migrationshintergrund im eigenen Land eine Minderheit stellen? In den Grundschulen ist diese Tendenz seit langem deutlich abzulesen. Man ist doch sonst immer so fix mit Prognosen, warum kneift man hier?

„Aber Deutschland stirbt doch aus ..."
Mit aberwitzigen Behauptungen versuchen unaufrichtige Politiker und Journalisten, der Bevölkerung positive Aspekte der

Zuwanderung einzureden. Besonders beliebt bei diesen verlogenen Propagandafeldzügen ist die Behauptung, Deutschland sei aus demografischen Gründen auf eine Zuwanderung angewiesen. Ebenso dummdreist ist die Proklamation des Fachkräftemangels.

Saudi-Arabien will keine Flüchtlinge aufnehmen, aber 200 Moscheen spenden ...

Saudi-Arabien will seine islamischen Glaubensbrüder zwar nicht aufnehmen, aber auf andere Weise Solidarität bekunden. So sollen in der neuen Heimat der Flüchtlinge 200 Moscheen errichtet werden. Saudi-Arabien hat offenbar die Zeichen der Zeit erkannt und rechnet mit einer zunehmenden Islamisierung Deutschlands. Denn schließlich hat ja schon unser Ex-Bundespräsident Wulff vor Jahren beteuert: „Der Islam gehört zu Deutschland!". Die frühe Saat der Anbiederungs- und Willkommenskultur geht allmählich auf.

Glaubenskriege bereits in den Unterkünften

Immer öfter kommt es in den neuerrichteten Unterkünften zu Tumulten und Massenschlägereien – mit Verletzten und hohen Sachschäden. Unsere Polizei darf das dann richten.

Auslöser sind oft religiöse Streitigkeiten. In Deutschland hatte die Glaubensfreiheit bisher oberste Priorität. Wird das so bleiben, wenn zunehmend auch religiöse Fanatiker in unser Land strömen? Oder darf man auch über diesen Punkt nicht offen reden?

Klagewelle der Asylanten

Deutschland ist ein Rechtsmittelstaat. Und viele Asylanten kennen ihre Rechte bzw. sie werden über die vielen Hilfsorganisationen darüber aufgeklärt. Und so darf es nicht verwundern, wenn immer mehr Asylbewerber ihre Abweisung nicht akzeptieren und auf Staatskosten jahrelang juristisch dagegen vorgehen. Kein Wunder also, wenn man gegen diese Prozesswut kaum noch ankommt, obwohl die Zahl der Richter ständig aufgestockt wird. An vielen Gerichten machen Asylverfahren bereits ein Drittel aller Fälle aus.

„Wir brauchen unbedingt ein Einwanderungsgesetz!"

Im Zusammenhang mit der Flüchtlingsproblematik wird vor

allem von linksorientierten Politikern (SPD, Grüne usw.) penetrant ein Einwanderungsgesetz gefordert, um den Missbrauch des Asylrechts einzudämmen. Geliebäugelt wird mit einem Punktesystem, welches darauf abzielt, die Einwanderung entsprechend dem wirtschaftlichen Bedarf zu steuern. Doch was zunächst recht vernünftig klingt, hat sich in der Praxis leider nicht bewährt. Kanada zum Beispiel hat die Erfahrung gemacht, dass den Angaben der Antragsteller kaum zu trauen ist. Die vorgelegten Ausbildungsnachweise waren oft gefälscht, außerdem sind die Ansprüche in den einzelnen Staaten extrem unterschiedlich. Leider lassen sich im Vorfeld die tatsächlichen Fähigkeiten der Einwanderungswilligen kaum überprüfen. Doch da es in Deutschland gar keinen Fachkräftemangel gibt, erübrigt sich eh jegliche Diskussion über ein Einwanderungsgesetz.

Hinzu kommt: Anders als die klassischen Einwanderungsländer USA, Kanada und Australien ist das dichtbesiedelte Deutschland viel zu klein, um als Einwanderungsland herhalten zu können. Entscheidender noch: Das deutsche Sozialsystem ist absolut untauglich für die globale Öffnung. Die USA, Kanada und Australien gewähren wohlweislich Neuankömmlingen so gut wie keine Hilfe – die Migranten sind weitgehend auf sich selbst gestellt (und wissen das auch).

Eine Beleidigung des türkischen Volkes ...
Was soll man davon halten: Täglich fliehen tausende Syrer in die benachbarte Türkei – wollen dort aber auf keinen Fall bleiben! Dabei ist die Türkei doch ein aufstrebender, demokratischer Staat mit einem zehnmal höheren Wohlstandsniveau als Syrien (vor dem Bürgerkrieg). Die meisten syrischen Flüchtlinge wollen unbedingt nach Deutschland, das verrufene Land der vermeintlichen Rassisten, Holocaust-Mörder und Kriegsverbrecher.

Dabei steht die Türkei der syrischen Kultur doch weit näher, nicht nur aus Glaubensgründen. Auch historisch gesehen, denn bis zum 1. Weltkrieg gehörte Syrien zum Osmanischen Reich (der heutigen Türkei).

Warum diese Undankbarkeit und Arroganz gegenüber der Türkei, warum muss man ins ferne Deutschland, wobei man oft auch noch das letzte Hab und Gut für kriminelle Schlepperbanden versilbern muss? Warum unbedingt so fern der Heimat in ein christlich geprägtes Land mit ganz anderen Werten und Lebensgewohnheiten? Kann es nicht doch sein, dass der deutsche Wohlstand und das deutsche Sozialstaatsniveau ausschlaggebend sind? Und sind solche Kriegsflüchtlinge letztlich nicht doch Wirtschaftsflüchtlinge, weil ihnen die Türkei nicht gut genug ist (und sie selbst die süd- und osteuropäischen Transitstaaten meiden wie der Teufel das Weihwasser)?

Sind Hotspots die Lösung?
Auch die Errichtung von Hotspots, also Flüchtlings-Auffanglagern in Afrika und Asien, werden die Probleme nicht lösen! Auch diese jüngst geschürte Hoffnung wird wie eine Seifenblase zerplatzen. Denn wer im Voraus weiß, dass der in einem Hotspot gestellte Asylantrag kaum Chancen auf Erfolg hat, wird diese Auffangbecken meiden.

Letztlich werden durch solche Hotspots die Flüchtlingszahlen weiter in die Höhe getrieben. Kriegsflüchtlinge mit guten Aussichten auf Asyl werden das kostenlose Angebot gerne nutzen, ersparen sie sich dadurch doch die teuren Schlepper. Alle anderen aber werden um die Hotspots einen Bogen machen und wie bisher auf illegalen Wegen einreisen.

Balkanpolitiker appellieren an Deutschland, die finanziellen Anreize für Flüchtlinge zu senken.
Die albanische Bevölkerungszahl hat sich in gut 20 Jahren halbiert (statt 6 Millionen gibt es dort nur noch 3 Millionen Einwohner). Dieser Schrumpfungsprozess hat den Balkanstaat aber keineswegs saniert. Angesichts der dramatischen Entwicklung beschwören nun zunehmend Politiker der Balkanstaaten, Deutschland möge doch bitte bitte endlich die finanziellen Anreize für Flüchtlinge drosseln.

In Serbien kommt ein Durchschnittsverdiener auf einen Monatslohn von 400 Euro. Flieht er mit seiner Familie nach Deutschland, steht ihm hier ein Vielfaches an sozialer Unterstützung zu.

Die Unterscheidung von Kriegs- und Wirtschaftsflüchtlingen löst nicht das Problem!
Auch wenn man die Balkanstaaten und die Türkei zu sicheren Häfen erklärt, wird es die losgetretene Flüchtlingslawine

nur bedingt aufhalten. Denn es gibt einfach viel zu viele Kriegs- und Krisengebiete. Auch hege ich Zweifel, zwischen Kriegs- und Wirtschaftsflüchtlingen auf Dauer unterscheiden zu können. Denn erstens können Flüchtlinge ihre Pässe wegwerfen und ihre wahre Identität verschleiern (wovon sie auch regen Gebrauch machen), zweitens wäre Deutschland auch mit der uneingeschränkten Aufnahme der Kriegsflüchtlinge völlig überfordert und drittens könnte man Menschenmassen, die sich den Zutritt zur EU erzwingen, nur mit roher Gewalt aufhalten.

Auf die Möglichkeiten der Dokumentenfälschung sei an dieser Stelle ebenfalls hingewiesen. Ein syrischer Pass in bester Qualität kostet in der Türkei etwa 600 Dollar.

45 % der Bundesbürger versprechen sich Vorteile vom Flüchtlingsstrom!
Und nur 33 % erwarten Nachteile (laut Umfrage im August 2015). Wie es zu solch seltsamen Umfrageergebnissen kommen kann? Ganz einfach! Die meisten Menschen haben nun einmal keinen blassen Schimmer von volkswirtschaftlichen Zusammenhängen. Und so glauben sie eben, was ihnen Tag für Tag vorgebetet wird. Sie glauben an den Fachkräftemangel, der Überalterung der Gesellschaft, den demografischen Kollaps, die Rettung der Sozialkassen durch Zuwanderung usw..

Über die tatsächlichen Gesamtkosten der Flüchtlingsaufnahme wird wohlweislich geschwiegen. Auch hier beweist sich wieder: Umfrageergebnisse spiegeln oft nur den Erfolg der bundesweiten Propaganda wider.

Willkommenskultur aus Eigennutz?
Es ist hinlänglich bekannt, dass viele Gutmenschen, die sich lautstark für die Willkommenskultur einsetzen, von der Zuwanderung finanzielle Vorteile erhoffen (Vermietung leerstehender Wohnungen, laufende Aufträge, neue Arbeitsplätze usw.). Schon gibt es eine Reihe von Kriegsgewinnlern, die zum Beispiel systematisch Landgasthöfe aufkaufen und die Zimmer zu Wucherpreisen an die Kommunen vermieten.

Was manchen Leuten selten auffällt: Auch so manche Politiker haben egoistische Hintergedanken. Wird nämlich ihre Partei von den später einmal eingebürgerten Migranten als Helfer in der Not wahrgenommen, darf mit Dankbarkeit und

Wählerstimmen gerechnet werden. Auf diese Weise gewinnt man Wahlen oder verbessert zumindest das Wahlergebnis.

„Die Flüchtlinge sollten schnell in den Arbeitsprozess integriert werden ..."
Ein derartiges Wunschdenken wird uns tatsächlich immer wieder als Problemlösung verkauft. Dabei haben die meisten Erwachsenen nun einmal überhaupt keine Berufsausbildung oder aber es gibt kaum Bedarf für die im Heimatland erlernten Berufe (weil sie in einem modernen Industriestaat nicht benötigt werden bzw. die Anforderungen hier ganz andere sind). Zudem gibt es große sprachliche Barrieren (Deutsch ist nun einmal keine Weltsprache).

Auch ein anderer Aspekt wird verschwiegen: Asylanten dürfen laut gültiger EU-Abkommen eine Stellung nur antreten, wenn sich kein Deutscher oder kein EU-Bürger findet. Aus Osteuropa kommen aber genug Leute, die auch den miesesten Job annehmen würden.

Der Flüchtlingsrat fordert Abschiebestopp im Winter!
Fast jede Forderung des Flüchtlingsrates oder anderer Hilfsorganisationen (wie zum Beispiel proasyl) wird von öffentlich rechtlichen Sendeanstalten begierig aufgesogen und verkündet. Doch sind die Wünsche und Vorstellungen der Lobbyisten wirklich so wichtig und relevant, dass jeder Bundesbürger davon erfahren muss?

Beim Flüchtlingsrat handelt es sich um einen eingetragenen Verein, der für die Verwirklichung seiner Phantasien nicht aufkommen muss. Der Status dieses Vereins wird aber selten erwähnt, so dass viele Bürger vermuten, es handele sich dabei um eine neutrale Expertenkommission. Warum schenken die Meinungsbildner den Lobbyisten (wie auch in diesem Fall) so viel Aufmerksamkeit?

Der angezüchtete Schuldkomplex
Die jahrzehntelange mediale Dauerberieselung bezüglich der Erbschuld der Deutschen am Holocaust und 2. Weltkrieg haben ihre Wirkung nicht verfehlt. Glückwunsch!

Die Mehrheit der Deutschen scheint angesichts dieser eingeimpften Demutshaltung zu nahezu jedem Opfer bereit. Nationale Eigeninteressen werden hartnäckig geleugnet bzw. als rechtsradikale Ansinnen diffamiert. So wurde Deutschland zum Zahlmeister der EU und des Euro und löst letztlich auch die Flüchtlingsprobleme anderer EU-Staaten.

Nur zur Erinnerung:
Die Willkommenskultur am Ende des 2. Weltkriegs
Wie war es eigentlich damals, 1945? Die Einwohnerzahl meiner Heimatstadt Flensburg wuchs von 60.000 auf 102.000 (dann gab es einen Zuzugsstopp). Bei den meisten Flüchtlingen handelte es sich um Vertriebene. Sie kamen aus den ehemals deutschen Ostgebieten, wurden dort aus ihren Wohnungen geworfen und des Landes verwiesen.

In Flensburg nach einer strapaziösen Flucht (häufig zu Fuß) angekommen, wurden sie bei hiesigen Familien zwangseinquartiert oder aber in notdürftig eingerichteten Lagern (Holzbaracken) untergebracht. 22 Leute teilten sich dort jahrelang einen 24 qm großen Raum. Jeweils zwei Personen mussten in einem Bett schlafen. Mittags erhielt jeder Lagerflüchtling einen Schlag warmes Essen aus der Gemeinschaftsküche, meistens ein Rübenmus. Kohle für die Kanonenöfen in den Baracken gab es selten. Wer im Winter heizen wollte, musste Holz organisieren (klauen), zum Beispiel Gehölz aus dem Wald.

Hunger und Kälte und so gut wie keine Hilfe durch den Staat oder die Einheimischen (die hatten selber nichts), das war die Willkommenskultur 1945-1950 für die deutschen Landsleute. Und niemand von denen konnte (wie so mancher Flüchtling heute) klagen, „ach wäre ich doch bloß in der Heimat geblieben".

Die Bevölkerung muss stets ausbaden, was ihre Führer anrichten.
1914 stolperte unser Kaiser aus falsch verstandener Bündnistreue in den 1. Weltkrieg. Der Kaiser musste danach zwar abdanken, aber die Bevölkerung hatte die eigentlichen Lasten zu tragen.

1939 verpokerte sich Hitler mit dem Polenfeldzug. Die europäischen Völker mussten die Suppe auslöffeln, während Hitler sich durch seinen Selbstmord der Verantwortung entzog.

Spätestens seit Helmut Schmidt träumen unsere Kanzler von der Entnationalisierung Deutschlands und der politischen

Union, einer EU als neuer Supermacht. Was uns dieser Größenwahn letztlich einbringen wird, werden wir in den nächsten Jahrzehnten erleben.

Schmidt und Kohl bescherten uns auch den Euro, Merkel versucht ihn mit allen Mitteln zu halten und zu retten. Auch hier ist das Desaster (der Zusammenbruch des Euro) vorprogrammiert, eine derart widersprüchliche Kunstwährung kann meines Erachtens nie und nimmer auf Dauer funktionieren. Auch hier ist es letztlich wieder die deutsche Bevölkerung, die die Folgen des kühnen Experiments ausbaden muss.

Welche Folgewirkungen die weltoffene Flüchtlingspolitik („jeder hat das Recht, in Deutschland Asyl zu beantragen") auslöst, werden wir schon bald zu spüren bekommen. Selbst liberale Journalisten fragen sich derweil, ob das bald noch unser Land ist und erwarten tiefgreifende Veränderungen. Auch in diesem Fall wird die Bevölkerung für die Politik der Kanzlerin geradestehen müssen.

Kurz vor seinem Selbstmord meinte Hitler, wenn Deutschland untergeht, habe das Volk selber Schuld, denn es habe sich im Wettstreit mit anderen Völkern als zu schwach erwiesen. Ich hoffe nur, dass Frau Merkel sich in einigen Jahren nicht ähnlich äußert.

Was Armutsflüchtlinge über Deutschland sagen ...

„Wir preisen Gott, dass er uns den Weg nach Deutschland gewiesen hat!"

„Frau Angela Merkel hat ein gutes Herz!"

„Deutschland kann sicher nicht alle Probleme lösen, aber diese bedauernswerten Schwerstbehinderten wird es doch noch aufnehmen können!"

„Deutschland ist das gesegnete Land, wo Milch und Honig fließen!"

Armutsflüchtlinge kommen oft in großen Familienverbänden mit fünf bis zehn Kindern. In Rumänien stehen ihnen zum Beispiel bei neun Kindern 115 Euro Kindergeld zu, in Deutschland jedoch 1800 Euro.

Die Rechtslage

„Es ist das gute Recht der Flüchtlinge,
bei uns Asyl zu beantragen!"
Permanent, selbst in den Nachrichtensendungen der öffentlich-rechtlichen Sendeanstalten, wird auf die Bürger eingedroschen und forsch behauptet, „es sei das gute Recht aller Flüchtlinge, bei uns Asyl zu beantragen". Das aber ist eine faustdicke Lüge! Aus dreierlei Gründen:

1. Das Asylrecht gilt für politisch Verfolgte!
Es gilt grundsätzlich nicht für Armutsflüchtlinge, nicht einmal für Kriegsflüchtlinge. Etwa die Hälfte der Erdbevölkerung (gut drei Milliarden Menschen) lebt in bitterer Not, von Kriegswirren sind einige hundert Millionen Menschen betroffen. Selbst der naivste Humanist muss doch einsehen, dass unser Land diese Menschen nicht alle aufnehmen kann! Oder sollen wir nur diejenigen akzeptieren, die widerrechtlich an unsere Türen klopfen? Sollen wir also die Selektion den Flüchtlingen selbst überlassen? Es wäre jedoch unfair, nur die zu belohnen, die tausende von Euro für Schlepperbanden aufbringen können und unsere hiesigen Asylgesetze missachten.

Also nochmals: Die meisten Flüchtlinge haben kein Anrecht auf Asyl! Ganz einfach, weil sie überhaupt nicht politisch verfolgt werden. Das in den Medien geschürte Anspruchsdenken basiert auf einer Lüge!

2. Viele Asylanten kommen aus sicheren Staaten!
Ein Gutteil der Flüchtlinge, die bei uns selbstbewusst Asyl einfordern, kommen aus demokratischen EU-Balkanstaaten oder aufstrebenden Entwicklungsländern. Diese Menschen kommen nicht, weil sie politisch, ethnisch oder religiös verfolgt werden, sondern weil es in ihrem Heimatland zu wenig Arbeit gibt und Sozialleistungen dort nahezu unbekannt sind.

3. Die EU-Verträge werden vollkommen ignoriert!
Dort, wo außereuropäische Flüchtlinge zum ersten Mal den Boden eines EU-Staates betreten, müssen sie auch Asyl beantragen. So steht es unmissverständlich in den EU-Verträgen (Dublin-Abkommen). Es versteht sich von selbst, dass die EU-

Gemeinschaft diese Erstaufnahmeländer mit ihren Problemen nicht alleine lassen kann. Aber es kann auch nicht sein, dass diese Grenzstaaten ihre Flüchtlinge (für die sie die Verantwortung tragen), gesetzwidrig nach Deutschland durchwinken. Die Sachlage ist also eindeutig: Fast alle Flüchtlinge dürften gar nicht erst nach Deutschland kommen! Und sie dürften hier natürlich auch keinen Asylantrag stellen. Wer anderes behauptet, sagt die Unwahrheit. Es ist nicht „das gute Recht" aller Beladenen dieser Welt, in den deutschen Sozialstaat integriert zu werden.

Gibt es überhaupt ein Grundrecht auf Asyl?
Die meisten Staaten dieser Erde gewähren so gut wie kein Asyl. Niemand kann Deutschland also zwingen (auch moralisch nicht), ein Sonderrecht zu gewähren, welches zu 99,9 % missbraucht wird. Wenn ein Staat wie Deutschland es in fünf Jahrzehnten nicht geschafft hat, den ewigen Missbrauch abzustellen, dann muss leider das gesamte Asylrecht infrage gestellt werden.

Brauchen wir das Asylrecht überhaupt?
Das Asylrecht wurde eingeführt, um mutigen Freiheitskämpfern in Diktaturen mehr Sicherheit zu geben. Es gilt laut Grundgesetz ausdrücklich für <u>politisch</u> Verfolgte, also Menschen wie Nelson Mandela zum Beispiel. Ich schätze, dass vielleicht von 1.000.000 Asylbewerbern in diesem Jahr höchstens fünf diese eindeutigen Kriterien erfüllen. Kriegs- und Wirtschaftsflüchtlinge sind zwar Menschen in Not, aber keine politisch Verfolgten.

Im 2. Weltkrieg wären sicherlich die weitaus meisten der 65 Millionen Deutschen gerne in andere Staaten geflüchtet (ebenso wie die Polen, Russen, Franzosen usw.). Doch obwohl etwa 10 Millionen Deutsche durch den 2. Weltkrieg umgekommen sind (die Lebensbedrohung extrem hoch war), einen Asylantrag hätten nur wenige stellen können (zum Beispiel die am Putsch des 20. Juli 1944 Beteiligten).

Wenn also mit unserem Asylrecht weitgehend Schindluder getrieben wird und die Politik nicht in der Lage ist, den millionenfachen Missbrauch zu unterbinden, sollte man das Gesetz vielleicht doch besser ganz abschaffen. Denn auch ohne Asylgesetz kann unser Staat nach Herzenslust politisch Verfolgte aufnehmen. Es wird aber die hohe Erwartungshaltung unterbunden und den juristischen Winkelzügen wird auch ein Ende bereitet.

Was wird eigentlich aus den abgelehnten Asylanten?
Auch 2014 mussten die meisten der Asylanträge in Deutschland nach monate- bzw. jahrelangen Prüfungsverfahren abgelehnt werden. Aber was wird eigentlich aus diesen Leuten? Politik und Medien sträuben sich, der Bevölkerung hierüber ehrlich Auskunft zu geben.

So weit ich das verfolgen konnte, wird nur ein Bruchteil der abgelehnten Asylbewerber tatsächlich abgeschoben. Die meisten bleiben also im Lande, erhalten immer wieder „zeitlich begrenzte" Duldungen, bis sie vielleicht doch eines Tages ein Bleiberecht erwirken. Diese Prozedur ist nicht nur für die Flüchtlinge frustrierend und inhuman, sie kostet dem Staat auch Unsummen.

„Nach 2 Jahren können Sie ja wiederkommen!"
Manchmal kommt man aus dem Staunen nicht heraus. In der Presse wird hin und wieder über tragische Flüchtlingsschicksale berichtet. Im Spiegel (Heft 35/2015) ist zum Beispiel von einer achtköpfigen Romafamilie aus Serbien die Rede, die 2010 nach Essen kam, deren Asylantrag gut ein Jahr später abgelehnt wurde, die aber dann trotzdem noch 15 Monate bleiben durfte. Sie genoss unsere staatliche Rundum-Vollversorgung (Unterkunft, Nahrungsmittel, Hygieneartikel, ärztliche Versorgung usw. gratis), dazu noch 900 Euro monatlich an Taschengeld.

Ja, und nun will die Familie bald wiederkommen. Denn bei der Ausreise hatte man ihr versichert, in zwei Jahren erneut Asylanträge in Deutschland stellen zu dürfen.

Die Instrumentalisierung des demografischen Wandels

Stirbt Deutschland wirklich aus?
Ist der demografische Wandel besorgniserregend?

Das demografische Panikorchester wird nicht müde, den Untergang Deutschlands heraufzubeschwören. „Deutschland stirbt aus!", warnen sie. Und weiter: „Die Sozialsysteme werden zusammenbrechen und die Wirtschaft wegen fehlender Fachkräfte kollabieren.".

„Wer im Voraus rechnet, rechnet zweimal!"
Wie heißt es doch so schön: „Wer im Voraus rechnet, rechnet zweimal!" Und wer unseriös rechnet, bestimmt weit öfter. Denn die apokalyptischen Prognosen entbehren jeder Grundlage. Vom Aussterben unserer Gesellschaft kann nicht die Rede sein – höchstens von einer Gesundschrumpfung.

Denn es wird doch niemand bestreiten können: Eine Abnahme unserer extrem dichten Besiedelung würde nicht nur der Natur, sondern auch den hier lebenden Menschen gut bekommen. Die Lebensqualität würde dadurch steigen (weniger Lärm, weniger Stress, weniger Abgase usw.).

Auch über die Verkündung des bevorstehenden Fachkräftemangels kann man nur lachen. Derzeit gibt es in Deutschland ein Erwerbstätigenpotential von fast 50 Millionen Menschen* – aber es gibt nur 30 Millionen sozialversicherungspflichtig Beschäftigte (*Quelle: „Der Spiegel", Heft 12/2015, Seite 27). Angesichts solch ungeheurer Unterschiede darf man erst einmal abwarten, wie sich diese Deckungslücke in der Zukunft entschärft.

Es wäre schön, wenn die gewaltige Massenarbeitslosigkeit in den nächsten 20 Jahren durch die ins Rentenalter gelangende Babyboomer-Generation abgebaut werden könnte – aber ausgemacht ist das noch lange nicht. Denn schließlich erhöht sich auch ständig die Produktivität.

Für das Jahr 2005 wurde schon einmal (15 Jahre zuvor) ein gefährlicher Fachkräftemangel prognostiziert. Tatsächlich hatten wir 2005 aber etwa 5 Millionen offizielle und weitere 10 Millionen inoffizielle Arbeitslose. Weit in die Zukunft reichende Prognosen sind halt immer eine heikle Angelegenheit. Vor allem, wenn Lobbyinteressen bedient werden müssen.

Wozu diese Panikmache?
Wenn man also aus gutem Grund davon ausgehen kann, dass die demografische Entwicklung zur Besserung der angespannten Lage (Abbau der Massenarbeitslosigkeit, Verringerung der Bevölkerungsdichte, Renaturierung) beitragen wird, fragt man sich, was die Panikmache bewirken soll. Und wer darüber nachdenkt, wird die Beweggründe der Unheilsverkünder leicht erkennen:
Es geht vorwiegend darum, die Zuwanderung weiter zu forcieren. Weder Wirtschaft noch Kapitallobby akzeptieren rückläufige Bevölkerungszahlen. Sie sehen sich vielmehr nach einer steten Zunahme der Konsumenten, denn die generiert Wirtschaftswachstum und damit höhere Gewinne.

Die gleichen Leute wollen sicher auch gerne die Massenarbeitslosigkeit erhalten. Denn das Überangebot an Arbeitskräften verhindert die überfällige Lohnanpassung unterbezahlter und unattraktiver Berufe.

„Aber schon heute sterben die Dörfer aus ..."
Das ist wahr. Doch an diesem tatsächlich gegebenen Problem konnte auch der bisherige zigmillionenfache Zuwanderungsstrom nichts ändern. Denn auch die Migranten zieht es in die überfüllten Ballungszentren! Wer die Dörfer erhalten will, muss deren Attraktivität erhöhen. Vor allem muss er deren Infrastruktur sichern. Landarztpraxen und Lebensmittelgeschäfte müssen erhalten oder gar neu geschaffen werden. „Das ist leichter gesagt als getan?" Nein, ist es nicht! Man muss es halt nur wollen.

Was die Landärzte betrifft, bräuchte lediglich das Vergütungssystem ein wenig geändert werden. Würde ein Landarzt im Schnitt genauso viel verdienen wie sein Kollege in der Stadt, könnten die meisten Landarztpraxen bestehen.

Kaum anders verhielte es sich in vielen anderen Bereichen, zum Beispiel bei der Nahrungsmittel-Grundversorgung. Würden kleine, inhabergeführte Dorfläden steuerlich gefördert und ein wenig vom Paragrafendschungel befreit, könnten viele von ihnen auch in heutiger Zeit existieren.

Weit tiefgreifender wären aber noch andere denkbare Maßnahmen – zum Beispiel die Einführung der Preisbindung bei fabrikmäßig hergestellten Grundnahrungsmitteln oder ein generelles Verbot von Dumpingpreisen (Verkauf unter dem regulären Einkaufspreis). Was eine solche Preisbindung bewirken kann, sieht man im Buchhandel. In Deutschland gibt es viermal so viele Buchhandlungen wie in den USA, obwohl die USA (die keine Preisbindung kennen) die vierfache Bevölkerungszahl hat.

Welch weitreichende Veränderungen die Ausdehnung der Preisbindung oder des Dumpingverbots mit sich brächten, wird kaum bedacht. Gäbe es zum Beispiel wieder mehr Tante-Emma-Läden, könnten viele Haushalte auf ihr Auto (bzw. Zweitauto) verzichten. Gleichzeitig würde der scheinbar unaufhaltsamen Monopol-Bildung entgegengewirkt.

Weite Teile der Bevölkerung würden nicht mehr dem Zwang erliegen, die Flut der wöchentlich wechselnden Sonderangebote durchzuackern und weite Anfahrtwege in Kauf zu nehmen, um ja einige Euro sparen zu können. Niemand würde verführt, große Mengen an Nahrungsmitteln zu bunkern (weil es doch gerade so günstig ist), der man gar nicht mehr Herr wird und die wegen des Verfallsdatums später mit unguten Gefühlen verzehrt bzw. letztlich doch weggeworfen werden.

Man denke auch daran, dass sich mit einer Preisbindung auch die Herstellung von Zigtausenden von Tonnen an Werbeprospekten (die Unsummen verschlingen) erübrigen würde.

Wenn man alles gegenrechnet, würde durch eine Preisbindung oder ein Verbot von Dumpingangeboten am Ende vermutlich nicht einmal eine Verteuerung der allgemeinen Lebenshaltungskosten eintreten (die Bücher in den USA sind schließlich auch nicht billiger).

Das Ende des gnadenlosen Dumpingwettbewerbs hätte auch Einfluss auf die Entlohnung der Verkäufer/innen. Wenn nicht mehr jeder Konkurrent unterboten werden muss, wird sich das Lohnniveau im Handel entspannen. Die Zahl der sozialversicherungspflichtigen Jobs wird ansteigen, für 450 Euro wird dann kaum mehr jemand jobben wollen.

Warum nicht die Massentierhaltung verbieten?
Warum werden die Höfe immer größer, warum wird die Massentierhaltung gefördert? Das Aussterben der Dörfer steht im direkten Zusammenhang mit der europäischen Subventionspolitik. Würden alle EU-Zuschüsse abgeschafft und Nahrungsmittel-Einfuhren angemessen verzollt, würden sich auch wieder kleinere Höfe rentieren. Würde dann auch noch die Massentierhaltung verboten, könnten ländliche Gemeinden sich grundlegend erholen.

Der Staat würde Unsummen an Subventionen einsparen (die er an die EU abführen muss), eine artgerechte Tierhaltung ließe sich durchsetzen und der langweiligen Monokultur würde Einhalt geboten. Natürlich würden die Nahrungsmittelpreise durch diese Maßnahmen anziehen.

Im Gegenzug könnte der Staat aber durch die zusätzlichen Einnahmen (Wegfall der Subventionen, Zölle auf importierte Lebensmittel) die Lohnsteuern und Sozialversicherungsbeiträge absenken, so dass sich am Ende sogar ein klarer Vorteil für die Bevölkerung ergibt (weil der bürokratische Subventionsapparat sich erübrigt und die damit verbundenen Fehlanreize, Schummeleien und Fehllenkungen entfallen).

„Die Landflucht lässt die Immobilienpreise purzeln..."
Sicher, auch das stimmt. Aber auch dieses Problem lässt sich (wie die Vergangenheit beweist) nicht mit einer hohen Zuwanderung lösen. Die Landflucht hat wenig mit der Demografie zu schaffen, sondern vielmehr mit den veränderten Arbeitsmärkten. Die Industrieansiedlung konzentriert sich in angesagten Boomregionen, der Zentralisierungswahn tut sein Übriges. Man könnte das alles ändern, den Trend umkehren – wenn man es will.

Denkbar wären zum Beispiel niedrige Gewerbesteuerhebesätze in strukturschwachen Regionen, dagegen eine Anhebung in den Ballungsgebieten. Aber solch strategischen Veränderungen steht der Föderalismus entgegen, der die egoistischen Ziele der einzelnen Bundesländer bedient und Staatsinteressen vernachlässigt.

Selbst eine große Koalition traut sich nicht, diesen Missstand zu beheben. Gäbe es nicht diese Spaltung und Schwächung des Staates durch die 16 Landesparlamente, würde auch mit dem Flüchtlingsstrom (mindestens 1 Million allein im Jahr 2015) anders umgegangen. Anstatt für viel Geld hektisch neue Heime zu bauen oder arschteure Hotels anzumieten, würde man Flüchtlinge in leerstehenden Häusern unterbringen, die in vielen „aussterbenden" Regionen spottbillig zu haben sind. Aber diese (fast geschenkten) Häuser lässt man lieber verkommen, weil die Flüchtlinge unbedingt proportional der Bevölkerungszahl auf die Kreise verteilt werden müssen. Einmal ehrlich: Brauchen wir Flüchtlinge auf Sylt, in Hamburg, Berlin oder München, wo die Mieten so hoch sind, dass kaum ein Normalverdiener es sich leisten kann, dort zu wohnen?

Auch die Billiggeldschwemme der EZB unterstützt die Landflucht. Früher galt das nahe ländliche Umfeld als günstige Bau- und Wohnalternative zu den beengten und überfüllten Städten. Heute aber, wo Hypothekenzinsen dank der EZB-Billiggeldschwemme etwa viermal niedriger sind als 1980, können sich viele junge Familien ein teures Häuschen direkt in der Stadt leisten.

Die widernatürliche Senkung der Zinsen, die die Sparer schleichend enteignet und die private Altersvorsorge aufweicht, hat also weit mehr Negativfolgen als von den EU- und Eurofanatikern eingestanden.

Wie kann es sein, dass Staaten wie Polen, Frankreich oder Spanien mit ihrer geringen Bevölkerungsdichte so gut klarkommen? Das laute Demografie-Panikorchester weigert sich zu erklären, wieso denn andere Staaten mit ihrer gerade einmal halb so hohen Bevölkerungsdichte zufrieden sind. Warum braucht Deutschland 80 Millionen Einwohner, wenn andere Staaten gleicher Größe mit der Hälfte auskommen und sich dabei offensichtlich auch noch pudelwohl fühlen? Auch in diesen „bevölkerungsarmen" Staaten geht die Babyboomer-Generation bald in Rente – trotzdem jammert keiner und fordert eine forcierte Zuwanderung (ganz im Gegenteil).

Es ist totaler Schwachsinn zu behaupten, ein Staat von der Größe Deutschlands brauche 80 Millionen Einwohner, um sich selbst versorgen oder seinen Wohlstand halten zu können. Ob 20, 30, 50 oder 100 Millionen Einwohner, ein Staat unserer Größe kann sich immer behaupten. Der Arbeitskräf-

tebedarf passt sich automatisch jeder Einwohnerzahl an.
Genauso abwegig ist es anzunehmen, Deutschland brauche jährlich einen Exportüberschuss von 200 Milliarden Euro. Denn der führt bekanntlich zu neuen Abhängigkeiten, Neid und Missgunst und bringt der Allgemeinheit im Grunde nichts. Als der deutsche Exportüberschuss weniger beeindruckend war, haben wir keineswegs schlechter gelebt.

Am Ende verflüchtigt sich unser Leistungsbilanzüberschuss eh im Ausland und finanziert dort alles Mögliche, leider auch Spekulationen und andere unschöne Dinge (wobei immer fraglich ist, ob das auf Wanderschaft geschickte Geld jemals zurückkommt, sich nicht weginflationiert oder in Konkursen oder staatlichen Schuldenschnitten verlorengeht).

Werden wir tatsächlich immer älter?
Es heißt, bei der Einführung des Rentensystems durch Bismarck erreichte kaum jemand das Rentenalter, weil die durchschnittliche Lebenserwartung bei nur 40 Jahren lag. Und man prognostiziert eilfertig, dass ein heute geborenes Mädchen damit rechnen kann, 100 Jahre alt zu werden. Mit diesen Vergleichen versucht man, den demografischen Wandel als unlösbares Problem aufzubauschen.

Ich muss schon sagen: Solch alberne Aufrechnungen bringen mich in Rage. Denn die geringe Lebenserwartung Ende des 19. Jahrhunderts hängt im Wesentlichen mit der damals hohen Kindersterblichkeit zusammen. Ein 65-Jähriger hatte 1871 noch eine statistische Lebenserwartung von 10 Jahren, heute liegt dieser Wert gerade einmal bei 19 Jahren.

Da sich seit dieser Zeit aber auch die Produktivität mindestens verzehnfacht hat, dürfte eine Verdoppelung der Rentenzeit keine allzugroßen finanziellen Probleme aufwerfen. Die verbreitete Panik ist mehr als unangebracht, zumal man notfalls auch mit einer Hinauszögerung des Renteneintrittsalters gegensteuern könnte. In Dänemark zum Beispiel treten die Menschen im Schnitt bereits zwei Jahre früher als bei uns ins Berufsleben ein, gehen aber erst gut zwei Jahre später in Rente.

Noch erbärmlicher empfinde ich die kühnen Prognosen, die den heute Neugeborenen eine Lebenserwartung von 100 Jahren unterstellen. Was wir gesichert wissen ist doch nur, wie alt frühere Generationen werden konnten. Die lebten aber unter ganz anderen Umständen. Sie wuchsen in Bescheidenheit auf, hatten nur das Nötigste zum Essen und mussten sich viel bewegen (ein Auto hatte kaum jemand). Verglichen damit schwelgt die heutige Generation im puren Luxus, was bestimmt nicht immer gesund ist (Bewegungsmangel, Übergewicht, Stressfaktoren, Suchtgefahren usw.). Wie die neuen Lebensumstände sich auf die Lebenserwartung auswirken, weiß man erst in 70 oder 80 Jahren. Die abgehobenen Erwartungen von heute werden sich kaum bestätigen, zumal auch der Klimawandel, die Umweltverschmutzung und die globale Bevölkerungsexplosion negative Auswirkungen haben werden.

Die typische Bevölkerungspyramide hat sich längst überholt!
Seit 100 Jahren wird uns die tannenbaumartige Bevölkerungspyramide als Ideal verkauft. Welch eine Volksverdummung! Auch die Apokalyptiker sollten doch endlich akzeptieren: Medizinische Fortschritte und die Überwindung von Hungersnöten und Seuchen haben die Altersstruktur unserer Gesellschaft verändert. In jungen und mittleren Jahren sterben (gottseidank) nur noch relativ wenige Menschen – also gibt es auch keine sich gleichmäßig verschlankende Tannenbaumpyramide mehr. Anstatt diesen Fortschritt als Segen zu begreifen, wird der Bevölkerung eine demografische Katastrophe vorgetäuscht (um Deutschland zum Einwanderungsland erklären zu können).

Trotz Bevölkerungsrückgang muss die Natur weichen!
Von 2010 bis 2030 sollen in Deutschland die Flächen für Siedlungen und Verkehr um weitere neun Prozent zunehmen, selbst bei sinkender Bevölkerungszahl. Auch diese Zah-

len lassen erkennen, welchem Wachstumswahn unsere politischen Planer verfallen sind.

Warum nicht einmal innehalten und darüber nachdenken, wie sich die negativen Trends wieder umkehren lassen? Dabei sollte man sich auch die Frage stellen, wieso bei rückläufigen realen Nettoeinkommen sich das Lkw-Verkehrsaufkommen etwa alle 25 Jahre verdoppeln muss.

„**Der deutsche Arbeitsmarkt braucht jährlich 533.000 Zuwanderer ...**"
Nach einer im März 2015 veröffentlichten „Studie" der IAB im Auftrag der Bertelsmann-Stiftung braucht Deutschland ein jährliches Zuwanderungssaldo von über einer halben Million Menschen, um das Ausscheiden der Babyboomer-Generation aus dem Berufsleben zu kompensieren. Es sind immer wieder solche Horrormeldungen, die gierig von den Medien aufgesogen werden und die Meinungsbildung in eine bestimmte Richtung drängen.

Bevölkerungsdichte 2013

Einwohner pro qkm
Deutschland (soll Einwanderungsland werden)	226
USA (seit 300 Jahren Einwanderungsland)	32
Kanada (seit 300 Jahren Einwanderungsland)	4
Australien (seit 300 Jahren Einwanderungsland)	3
Polen	123
Frankreich	121
Schweden	21

Muss Deutschland wirklich unbedingt in Zeiten der Bevölkerungsexplosion zum offenen Einwanderungsland erklärt werden?
Stirbt Deutschland aus, falls nicht massenhaft Zuwanderer und Flüchtlinge ins Land strömen?
Wieso gibt es in Europa oder auch der ganzen Welt keinen einzigen anderen Staat, der dem deutschen Beispiel folgen will?

Die dreiste Proklamation des Fachkräftemangels

Weder heute noch in 20 Jahren gibt es in Deutschland einen echten Fachkräftemangel. Die öffentliche Panikmache entpuppt sich als dreister Schwindel!

„In 20 Jahren fehlen uns 11 Millionen Fachkräfte!"
Es ist ein Wahnsinn! Trotz der seit 35 Jahren anhaltenden Massenarbeitslosigkeit rufen Arbeitgeberverbände allen Ernstes den Fachkräftemangel aus. In ihrer realitätsfernen Propaganda wird diese Lobby auch noch kräftig von der Politik und den Medien unterstützt.

Der vermeintliche Fachkräftemangel passt allen Meinungsbildnern so herrlich ins Konzept, denn er legitimiert die Zuwanderung und die von der EU verlangte Freizügigkeit.
Dabei schaut die ehrliche Analyse heute so aus:

Es fehlen gut 15 Millionen fair bezahlte, sozialversicherungspflichtige Arbeitsplätze!
Hätten wir die, wäre auch die Finanzierung unserer Sozialsysteme absolut kein Problem, dann hätte man nicht einmal die Altersrenten von 70 auf 45 Prozent des letzten Bruttogehaltes kürzen müssen.

In Deutschland gibt es also keinen Fachkräftemangel, sondern das genaue Gegenteil. Denn es sind ja nicht nur die knapp drei Millionen offiziellen Erwerbslosen, die händeringend eine Lebensaufgabe suchen. ABM-Maßnahmen, Praktika, Frühverrentungen, Warteschleifen bei der Ausbildung (angehängte Schuljahre), die mehrfachen Umschulungen der Verzweifelten und die vielen Menschen ohne Leistungsanspruch (die deshalb aus der Statistik herausfallen) verklären den Blick.

Auch die meisten der abermillionen 450-Euro-Jobber hätten gern einen versicherungspflichtigen Halb- oder Vollzeitjob. Viele Jobsuchende müssen sich als Leih- oder Werksarbeiter durchschlagen oder verdingen sich aus purer Not als unterbezahlte Freiberufler, Scheinselbständige oder Schwarzarbeiter.

Es mangelt meist nur an der Bezahlung!
Bei näherer Betrachtung entpuppt sich der in den Medien unermüdlich propagierte Fachkräftemangel als reines Propagandageschwätz. Von einigen wenigen Ausnahmen abgesehen gibt es nur dort einen Fachkräftemangel, wo Tariflöhne zu niedrig sind oder wo einzelne Unternehmen schlechte Arbeitsbedingungen bieten.
Der ungebremste Zustrom aus dem Ausland verhindert leider in vielen Berufen eine leistungsgerechte Lohnanpassung. Denn Millionen Zuwanderer aus dem Ausland sind oft heilfroh, überhaupt einen Job in Deutschland zu ergattern und arbeiten auch für wenig Geld und sogar weit unter Tarif.
Durch diese Unterwanderung wird das natürliche Kräftespiel der Marktwirtschaft empfindlich gestört. In einem intakten Binnenmarkt würde ein echter Fachkräftemangel automatisch zum Lohnanstieg führen. In Deutschland ist aber das Gegenteil der Fall. Seit 1980 sinken auf breiter Front die inflationsbereinigten Nettolöhne und Renten. Seit 6 Jahren entwerten sich zusätzlich noch, wegen des abenteuerlichen EZB-Konjunkturprogramms (Billiggeldschwemme, Währungsdumping), die Sparguthaben und Lebensversicherungen.
Selbst der vermeintliche Mangel an Ingenieuren und Mathematikern resultiert letztlich aus der Ausschaltung der Marktwirtschaft. Warum sich täglich als Ingenieur beweisen müssen, wenn man zum Beispiel als Gymnasiallehrer mehr verdienen kann, bei geringerem Leistungsdruck? Immer wieder hört man, dass junge Ingenieure mit Bestnoten hunderte Bewerbungen schreiben müssen, um schließlich irgendwann einmal eine Probeanstellung zu finden. Viele Firmen suchen nach der Idealbesetzung für wenig Geld, lehnen es aber ab, junge Ingenieure im eigenen Unternehmen zu spezialisieren. Fazit: Durch die Zugriffsmöglichkeit auf Zuwanderer werden heute viele Berufe nicht mehr leistungsgerecht entlohnt.
Eine hoffentlich nachdenklich stimmende Anmerkung am Rande: In Deutschland gibt es ca. 300.000 Prostituierte, 80 Prozent von ihnen kommen aus dem Ausland. Sieht so der Fachkräftemangel aus, von dem ständig die Rede ist?

Häufige Umschulungen, weil der erlernte Beruf zu wenig einbringt!
Der durch schlechte Verdienstmöglichkeiten hervorgerufene

Frust verursacht überflüssige Umschulungen. Es wird oft ein neuer Zweitberuf nur erlernt, weil die Löhne im alten Beruf auf die Dauer zu niedrig sind.

Volkswirtschaftlich gesehen sind diese Berufswechsel ein teures Vergnügen. Denn die effektive Lebensarbeitszeit der Bevölkerung verringert sich dadurch beträchtlich. Nicht nur die Betroffenen verlieren durch die Umschulung gut 10 Prozent ihres Arbeitslebens – die sich über Jahre hinziehende Zweitausbildung beansprucht schließlich auch ein großes Kontingent an guten Ausbildern. Würden alle Berufe fair entlohnt (durch Verzicht auf das importierte Lohndumping), würde die Zahl der Umschulungen zurückgehen. Ebenso würde sich natürlich auch die Zahl der Auswanderungen verringern.

Nur 30 der 43 Millionen Arbeitsverhältnisse in Deutschland sind sozialversicherungspflichtig!
Diese Zahlen sollten eigentlich jedermann wachrütteln! Natürlich hätte jeder Arbeitnehmer am liebsten einen sozialversicherungspflichtigen Arbeitsplatz, schon im Hinblick auf die zu erwartenden Rentenansprüche.

Die millionenfachen versicherungsfreien Minijobs zeigen das wahre Gesicht unseres vermeintlichen „Beschäftigungswunders". Warum akzeptieren unsere Volksvertreter überhaupt bei einem „Fachkräftemangel" die Befreiung von der Versicherungspflicht? Würden diese Sondervergünstigungen gestrichen, könnten die Versicherungsbeiträge auf breiter Front sinken.

Fachkräftemangel trotz Massenarbeitslosigkeit?
Das ist ja gerade das Problem unseres Sozialstaates: Viele Tätigkeiten werden in Deutschland so schlecht bezahlt, dass sich eine Arbeitsaufnahme nicht lohnt. Hartz-IV-Familien mit Kindern stehen sich ohne Jobaufnahme oft besser als entsprechende Gering- oder Normalverdienerhaushalte.

Ebenso flüchten sich nicht wenige Gestresste in eine sorgenfreie Frühinvalidität (die Zahl der psychisch Erkrankten ist in den letzten Jahren sprunghaft angestiegen) oder sind froh, mit 58 bereits eine vorgezogene Altersrente genießen zu können (bzw. die Unternehmen sind froh, die älteren, nicht mehr so leistungsfähigen Arbeitnehmer auf elegante Art loswerden zu können).

Wer nun einwendet, so etwas gäbe es in Deutschland doch nicht, Arbeitsverweigerern gehe es hier dank Hartz IV an den Kragen, verkennt die Sachlage. Wer in Deutschland nicht arbeiten will und einigermaßen intelligent ist (und über kein verwertbares Vermögen verfügt), dem ist mit rechtsstaatlichen Mitteln schwer beizukommen. Wie will man in unserem Sozialstaat jemanden zwingen, ordentliche Arbeit abzuliefern? Auch Leistungskürzungs-Androhungen helfen wenig, wenn einer im aufgezwungenen Job nur Mist baut („ich gebe mir die größte Mühe, aber ich kann das einfach nicht") oder dauernd krank spielt.

Fazit: Bei attraktiveren Löhnen und/oder deutlich niedrigeren Sozialhilfen würden sich die Verhältnisse rasch wandeln. Dann gäbe es selbst in den Pflegeberufen und in der Gastronomie ein Überangebot an Fachkräften und niemand würde von einer notwendigen Zuwanderung reden.

Die unbegrenzte Freizügigkeit bei der Arbeitsplatzsuche in der EU kontakariert die natürlichen Triebkräfte der freien Marktwirtschaft. Von dieser Schieflage profitieren viele um unbegrenzte Zuwanderung bemühte Unternehmen (zu Lasten der Allgemeinheit). Nicht ohne Grund möchte daher Großbritannien die Niederlassungsfreiheit in der EU einschränken. Zugewanderte EU-Bürger sollen erst nach vier Jahren einen Anspruch auf Sozialleistungen erwerben.

„Im Jahr 2034 fehlen 11 Millionen Facharbeiter!"
Schon immer wurde mit absurden Prognosen Politik gemacht. Auch für das Jahr 2005 wurden in den 1990er Jahren ein millionenfacher Facharbeitermangel vorhergesagt. Aber es ist dann ganz anders gekommen. Der Fehlbedarf ist nicht eingetreten, die damalige Prognose hat sich als idiotisch erwiesen. Statt eines Fachkräftemangels durchleben wir das Zeitalter der Massenarbeitslosigkeit, wobei der größte Teil der Erwerbslosen durch Bilanzierungstricks aus der offiziellen Statistik herausgehalten wird. Heute redet natürlich keiner mehr von den irreführenden Prognosen der 1990er.

Und in 20 Jahren werden auch die Vorhersagen von heute („11 Millionen fehlende Fachkräfte") nicht mehr hinterfragt. Die falschen Propheten brauchen nicht befürchten, für ihre folgenschweren Fehleinschätzungen jemals zur Rechenschaft gezogen zu werden.

Die Denkfehler bei den Bedarfsrechnungen!
Meistens errechnen die zweifelhaften Experten im Auftrage der Wirtschaft den Bedarf an Fachkräften auf Basis der altersbedingten Fluktuation. 20 Millionen Erwerbstätige gehen in den nächsten 20 Jahren in Rente – aber auf Grund der schwachen Geburtsjahrgänge rücken nur 9 Millionen Berufseinsteiger nach. 20 Millionen minus 9 Millionen – das ergibt dann einen Fehlbedarf von 11 Millionen Arbeitskräften. Doch diese Milchmädchenrechnung ist absurd. Aus vielerlei Gründen:

1. Eine schrumpfende Bevölkerung braucht auch weniger Arbeitskräfte!
Wenn die starken Geburtenjahrgänge allmählich aussterben, sinkt auch die Bevölkerungszahl der Landes (falls nicht durch eine forcierte Zuwanderung der Effekt aufgehoben wird).

Auch die demografische Entwicklung wird sich aus diesem Grund normalisieren (der Anteil der Rentner an der Gesamtbevölkerung wird wieder sinken). Würde sich unsere Bevölkerung in 20 Jahren um zehn Millionen verringern, bräuchte man keine 43 Millionen Arbeitskräfte mehr.

2. Die wachsende Produktivität verringert den Arbeitsaufwand!
Die genialen Fortschritte in der technischen Entwicklung erhöhen die Produktivität. In den nächsten 20 Jahren ist mit einem Zuwachs von ca. 70 Prozent zu rechnen. Das bedeutet: Es werden in 20 Jahren auch weniger Arbeitskräfte gebraucht, um einen Lebensstandard auf heutigem Niveau zu erarbeiten. Schon dieser Aspekt erklärt, warum die Panikmache beim Fachkräftemangel haltlos ist.

Die wahre Ursache ist unserem Exportwahn geschuldet!
Wenn Deutschland nicht Jahr für Jahr einen gigantischen Handels- und Leistungsbilanzüberschuss erwirtschaftet, fühlen sich unsere politischen Akteure offenbar unwohl. Obwohl man doch genau weiß, dass unser Ungleichgewicht manche EU-Staaten in erhebliche Schwierigkeiten bringt. Warum muss im dichtbesiedelten Deutschland produziert werden, was dann in Ländern mit gigantischen Arbeitslosenproblemen konsumiert wird?

Würde man in Deutschland die 2,7 Millionen offiziellen sowie die fünf Millionen verdeckten Arbeitslosen (in die Frührente, Praktika, ABM-Maßnahmen abgeschoben) und das Millionenheer der stillen Reserve (Menschen, die als Erwerbslose nicht registriert werden, weil sie keine Sozialhilfen erhalten) alle aktivieren, könnten wir fast die Ernährung und Versorgung von halb Europa übernehmen. Und das völlig ohne fremde Hilfe (ohne Zuwanderung).

Die Zuwanderung schafft neuen Arbeitskräftebedarf!
Insofern ist auch die Zuwanderung bestenfalls ein Nullsummenspiel, was den Arbeitskräftebedarf betrifft. Denn Migranten sind ja keine pflegefreien Roboter. Sie müssen genauso gut wie die heimische Bevölkerung ernährt und versorgt werden (was Arbeitskräfte beansprucht). Anders ausgedrückt: Würden in Deutschland 20 Millionen, 40 Millionen oder 80 Millionen Menschen leben – in einer intakten Volkswirtschaft ist es völlig egal – es gibt dort keinen Fachkräftemangel, genauso wenig wie eine Massenarbeitslosigkeit.

Die intakte Volksgemeinschaft erarbeitet immer den Lebensstandard, den es braucht bzw. aus eigenen Kräften erwirtschaften kann. Variabel ist lediglich die allgemeine Wochenarbeitszeit (je höher die ausfällt, desto höher der Lebensstandard).

„Aber wir haben doch 600.000 offene Stellen!"
Ja wirklich? Und was sind das für Arbeitsplätze, die scheinbar nicht besetzt werden können?

In der Sommersaison 2015 gab es allein auf Sylt einen ungedeckten Bedarf von 800 Aushilfskräften, vorwiegend in der Gastronomie und dem Hotelgewerbe. Und warum finden sich keine Leute für diese Stellen, trotz anhaltend hoher Massenarbeitslosigkeit? Ganz einfach: Weil die Verdienste den Arbeitsbedingungen nicht angepasst sind! Der Lohn langt in vielen Fällen nicht einmal, um die Kosten für eine kleine Wohnung auf Sylt abzudecken (die Mieten sind dort horrend). Also müssen die Leute mit der Bahn vom Festland hin- und herpendeln. Das ist sehr zeitaufwendig und geht natürlich auch ins Geld. Es lohnt kaum (es sei denn, man halbiert die Hartz-IV-Sätze für Familien).

Im Bäckerhandwerk scheint es derweil auch einen Nachwuchsmangel zu geben. Wird uns doch über die Medien immer wieder vorgeschwärmt, Flüchtlinge könnten gerade in diesen Bereich gut umgeschult werden. Vor einigen Jahren noch fanden viele Bäckergesellen keinen Job (weil zunehmend nur noch importierte Rohlinge aufgebacken werden). Mag sein, dass sich das Blatt inzwischen gewendet hat.

Aber warum wollen denn so wenige Schulabgänger heute noch Bäcker werden? Liegt das nicht an der unzureichenden Bezahlung angesichts erschwerter Arbeitsbedingungen?

Morgens um 3 Uhr aufstehen und dann in heißen Backstuben Akkordarbeiten verrichten ist nun wirklich nicht jedermanns Sache. Da arbeitet man doch lieber in einem Autokonzern am Fließband (verdient dort das Doppelte), wird Pilot (bei vierfachem Gehalt), Lehrer, Erzieher, Sozialarbeiter oder was auch immer.

Jeder Mensch bzw. jeder Job hat seinen Preis. Über die massenweise Zuwanderung wird dieses marktwirtschaftliche Grundprinzip ausgehebelt. Der beklagte „Fachkräftemangel" in den Backstuben ist auch in anderer Hinsicht aufschlussreich und beispielhaft. Welche Arbeit bleibt eigentlich aufgrund der Notsituation liegen? Hat etwa in unserer Überproduktions- und Überflussgesellschaft schon jemand einmal kein Brot mehr kaufen können? Der Supergau wäre doch lediglich, wenn kurz vor Feierabend statt der gewohnten zwanzig nur noch fünf Brotsorten zur Verfügung stünden.

Vorübergehende Engpässe
Seit 5 Jahren schon wird durch eine künstlich erzeugte Billiggeldschwemme im Baugewerbe eine vorübergehende Scheinblüte erzeugt. Statt eines früher üblichen Hypothekenzinses von 8 % bekommt man heute schon für 2 % Baugelder.

Angesichts dieser absurden Zustände wird natürlich gebaut und renoviert wie selten zuvor. Wenn es in dieser Ausnahmesituation dann in irgendeinem Handwerksbereich zu einem „Fachkräftemangel" kommt, muss man halt damit leben. Es macht keinen Sinn, jetzt über Gebühr Maurer oder Dachdecker auszubilden, die dann nach dem (künstlich erzeugten) Boom alle arbeitslos wären.

Es macht auch keinen Sinn, diesen Fehlbedarf mit Zuwanderern zu decken. Denn die würden mit Auslaufen des Booms schließlich auch nicht mehr gebraucht. Man kann diese Leute nicht einfach wieder nach Hause schicken, unter Umständen werden sie ihr Leben lang auf Hartz IV angewiesen sein.

Der Pumpkapitalismus steht vor dem Kollaps!
In den USA, der EU und selbst in China wurde seit 2007 über die Druckerpresse die Konjunktur künstlich angeheizt, um den wirtschaftlichen Kollaps zu vermeiden. Inzwischen aber hat man sein Pulver weitgehend verschossen und die Ära des Pumpkapitalismus neigt sich dem Ende. China zum Beispiel hat von 2007 bis 2014 seine Schuldenlast von 7 auf 28 Billionen Dollar hochgeschraubt.

Weil die globale Billiggeldschwemme sich nicht ewig fortsetzen lässt (es droht eine Hyperinflation), spürt inzwischen auch Deutschland den Auftragsrückgang. Die Zinsen werden wieder ansteigen (Schäuble rechnet bereits für 2016 mit höheren Zinsbelastungen). Momentan fehlen in Deutschland mindestens 15 Millionen sozialversicherungspflichtige Arbeitsplätze. Schon bald könnten die Probleme auf dem Arbeitsmarkt eskalieren und auch die Zahl der offiziellen Arbeitslosen (derzeit etwa 2,7 Millionen) sprunghaft anschnellen. Mir graut davor darüber nachzudenken, wie in einer solche Phase (die immer näher rückt) die Bevölkerung mit den Flüchtlingen umgeht.

Die Anführer der Willkommenskultur werden sich dann klammheimlich verdrücken bzw. jegliche Verantwortung empört von sich weisen („Wir haben es doch nur gut gemeint!" oder „Hätte man diese oder jene Maßnahmen ergriffen, hätte auch alles geklappt!").

„Ohne Zuwanderung würde unser Pflegesystem kollabieren!"
Auch derlei Horrormeldungen entbehren jeder Grundlage. Die meisten Altenpfleger verdienen in Deutschland 20 % unter Tarif. Würde man eine Zuwanderung aus dem Ausland in diese Berufe unterbinden, würde das Pflegesystem, anders als behauptet, keineswegs zusammenbrechen. In einem solchen Fall würden sich allmählich die Löhne den Gegebenheiten (dem Markt) anpassen. Unter Tarif würde in Deutschland kaum jemand mehr in diesem Bereich arbeiten wollen und die Tariflöhne würden schon bald auf ein Niveau anziehen, das die Attraktivität dieses Berufes deutlich erhöht.

„**Wir schicken Euch Leute für die Jobs,
die in Deutschland keiner machen will!**"
Politiker aus den Balkanstaaten wünschen sich eine Kooperation – Deutschland soll sagen, welche Fachkräfte benötigt werden und entsprechende Leute werden zielgerecht schon in ihrem Heimatland ausgebildet.
 Diese Angebote belegen, wie sehr Außenstehende an die Mär vom Fachkräftemangel glauben. Man kann es deshalb nicht oft genug betonen: Mit Geld lässt sich alles lösen. Wird ein Job anständig bezahlt, gibt es auch genügend Bewerber, auch ohne ausländische Hilfe. Die Zuwanderung verhindert in manchen Berufen leider die überfällige Anpassung der Tariflöhne.

Viele Flüchtlinge sind traumatisiert!
Sie stehen deshalb dem Arbeitsmarkt gar nicht zur Verfügung und brauchen psychologische Betreuer und Seelsorger, die in diesem Ausmaß aber gar nicht verfügbar sind.
 Und es gibt weitere Probleme. Zur ärztlichen Versorgung gehen die Flüchtlinge oft in die Notaufnahmen der Krankenhäuser, wo man aber dem Ansturm nicht mehr gewachsen ist, wobei auch das Sprachenproblem große Schwierigkeiten bereitet. Die beiden Krankenhäuser in Flensburg (88.000 Einwohner) beschäftigen bereits 30 Dolmetscher. Aber das reicht nicht. Wo soll man zum Beispiel einen Dolmetscher für Flüchtlinge aus Eritrea herbekommen? Wenn unsere Politiker immer wieder beteuern, „alles kein Problem, wir schaffen das schon", fühlen sich viele Bürger verschaukelt.

Grundsätzliches: **Wieso braucht ein Staat
mehr Arbeitsplätze, als das Land hergibt?**
Überall in der Welt kämpfen wir mit den Phänomenen der Massenarbeitslosigkeit, der Armut und des Lohndumpings. In diesem Umfeld beklagen nun deutsche Unternehmer den akuten Fachkräftemangel. Aber was ist in Deutschland so grundlegend anders, warum brauchen wir mehr Arbeitskräfte, als die eigene Bevölkerung hergibt? Ist unser Lebensstandard so hoch, dass wir ihn mit eigenen Kräften nicht erwirtschaften könnten? Wohl kaum!

Uns geht die Arbeit aus ...
Bei der Fachkräftemangeldebatte sollen auch nicht Befürch-

tungen unterschlagen werden, die in genau die entgegengesetzte Richtung gehen. Schon seit 20 Jahren wird behauptet, der Menschheit gehe langfristig die Arbeit aus (immer weitergehende Automatisierung, Einsatz von Robotern usw.). Auch diese Panikmache unterstütze ich nicht. Letztlich läuft alles nur auf eine Interessenbalance von Lebensstandard und Freizeit hinaus. Würden wir uns mit dem Anspruchsdenken von 1970 begnügen, bräuchten wir alle heute nur noch etwa 20 Stunden in der Woche arbeiten.

Nachtrag:
Der im Juni 2014 veröffentlichte neue Nationale Bildungsbericht bestätigt, dass der „Fachkräftemangel" weitgehend hausgemacht sei. In vielen Mangelberufen (Metall, Technik, Elektro, im Gesundheitswesen und der Pflege) fehle es ganz einfach an Ausbildungsplätzen – Lehrstellenbewerber gäbe es genug. Der von der Wirtschaft beklagte Nachwuchsmangel findet sich eigentlich nur in den Bereichen Ernährungshandwerk, Küche, Hotel- und Gaststättengewerbe.

Mein Fazit: Man kann es drehen und wenden wie man will: Bei angemessener Bezahlung gäbe es keinen Fachkräftemangel! Zuwanderer werden nur gebraucht, um Tariflöhne zu unterwandern, Qualifizierungsmaßnahmen einzusparen oder um unterbezahlte Berufe nicht auf das notwendige Niveau anheben zu müssen. Diese seit 30 Jahren von mir vertretene Auffassung fand ich inzwischen auch durch eine 45minütige Fernsehdoku der ARD bestätigt (Ausstrahlung am 21. 7. 2014).

Perversion des Denkens:
Warum sollen Menschen ihre Heimat verlassen und der Arbeit ständig hinterherlaufen?
Warum gehen die Investoren nicht dorthin, wo die Menschen sind?
Völkerwanderungen – weil es das Kapital so will?

Fachkräftemangel in Deutschland?
Vor 50 Jahren vielleicht - aber heute???

2013	**1963**
3.000.000 offizielle Arbeitslose	**300.000** offizielle Arbeitslose
5.000.000 Frührentner, Vorruheständler, Umschüler, Praktikanten usw.	**100.000** Frührentner, Vorruheständler, Umschüler, Praktikanten usw.
3.000.000 nicht registrierte Arbeitsuchende ohne Hartz-IV-Anspruch	**100.000** nicht registrierte Arbeitsuchende ohne Hartz-IV-Anspruch
5.000.000 Arbeitsuchende, die ihren schlechtbezahlten Minijob oder ihre Leiharbeit gegen einen normal bezahlten Job tauschen möchten.	**0** Arbeitsuchende, die ihren schlechtbezahlten Minijob oder ihre Leiharbeit gegen einen normal bezahlten Job tauschen möchten.
16.000.000 fair bezahlte Arbeitsplätze fehlen!	**0** fair bezahlte Arbeitsplätze fehlen! Jeder gesunde Mensch, der eine Arbeit sucht, kann unter Dutzenden von Angeboten wählen. Es geht meist nur um die Höhe der übertariflichen Leistungen.

Viele deutsche Ärzte zieht es wegen magerer Einkommen ins Ausland (Skandinavien, Schweiz, USA usw.). Zur Kompensation dieser Abwanderung rekrutieren wir Ärzte aus Osteuropa.
Dort fehlen die Ärzte dann. Würden deutsche Ärzte besser bezahlt, würde die Attraktivität des Berufes zunehmen (es gäbe mehr Medizinstudenten) und natürlich würden auch weniger Ärzte ins Ausland abwandern.
Wer behauptet, Deutschland brauche wegen des vermeintlichen Fachkräftemangels weitere Zuwanderer, der ist in meinen Augen ein Ignorant oder erbärmlicher Lügner!

Wie entsteht ein Fachkräftemangel?

Ein Fachkräftemangel ist fast immer die Folge einer nicht mehr zeitgemäßen Entlohnung.

Bei ihrer Berufswahl bevorzugen junge Leute verständlicherweise Berufe, die besonders attraktiv sind. Der Wunschberuf soll einem nicht zu viel Stress abverlangen, ein hohes gesellschaftliches Ansehen genießen, angenehme Arbeitszeiten und gute Aufstiegschancen bieten und natürlich bestmöglich entlohnt werden. In einer Zeit, wo jeder durchschnittlich begabte Mensch einen Abiturabschluss erlangen und studieren kann, sind die Ambitionen natürlich entsprechend hoch.

Viele Handwerksberufe entsprechen den hochgesteckten Wunschvorstellungen nicht, erfordern aber dennoch ein fundiertes fachliches Wissen gepaart mit handwerklichem Geschick. Wer über derlei Begabungen verfügt, könnte auch so manche Studiengänge erfolgreich abschließen.

Wenn ich nun von manchen Chefs immer wieder höre, „wir zahlen aber gut und trotzdem kriegen wir keine Leute", so ist diese Einschätzung recht subjektiv. Denn würden die Tariflöhne in den Mangelberufen marktgerecht angehoben, würde es auch dort genügend Nachwuchskräfte geben. Wer nun einwendet, die höheren Löhne könne man sich aber nicht leisten, die seien einfach nicht drin – so stimmt das nicht. Denn die höheren Tariflöhne treffen schließlich auch die Mitbewerber, auch sie müssen in den sauren Apfel beißen, sonst kriegen sie halt überhaupt keine Leute mehr. Abgewälzt werden die höheren Kosten letztlich auf die Kunden.

Aber so funktioniert nun einmal eine gesunde Marktwirtschaft. Es wird deshalb kein Kunde seinen Heizungskessel, sein Dach oder seine Klimaanlage nicht mehr reparieren lassen. Der Kunde muss die Marktpreise akzeptieren oder halt verzichten. Vor gut 5 Jahren war man schließlich auch bereit, die dreifache Summe für einen Flachbildfernseher hinzulegen. Ergo: Der Kunde akzeptiert Marktpreise, weil ihm gar nichts anderes übrigbleibt (höchstens der Verzicht).

Ähnlich lässt sich auch der vermeintliche Fachkräftemangel in der Altenpflege erklären. Warum soll jemand in Zeiten von Hartz IV für verhältnismäßig wenig Geld Nachtschichten schieben, seinen Rücken ruinieren und nervigen alten Leuten die Windeln wechseln, wenn er in anderen Berufen (zum Beispiel als Erzieher) weit bessere Arbeitsbedingungen und eine bessere Entlohnung vorfindet? Kein Wunder also, wenn es unter diesen Umständen schwierig ist, genügend gute Pfleger zu finden. Durch die Zuwanderung wird die überfällige Lohnanpassung leider unterbunden, weil Ausländer oft genügsamer sind und weit schlechtere Entlohnungen gewohnt sind. Würde es keine Zuwanderer geben, wären die Tariflöhne für Altenpfleger wesentlich höher (wegen der unangenehmeren Arbeitsbedingungen noch über dem Niveau der Erzieher).

Es geht also nichts daran vorbei: Wenn es in irgendeinem Bereich tatsächlich einen Fachkräftemangel gibt, so stimmt die Entlohnung nicht. Die Attraktivität eines Berufes wird letztlich bestimmt über die Höhe des Gehaltes. Es wäre mehr als ignorant zu glauben, dass besonders anstrengende und unangenehme Tätigkeiten in Zeiten von Hartz IV nicht auch entsprechend honoriert werden müssten.

Zur Verdeutlichung ein Beispiel aus den Wirtschaftswunderjahren.
Ein Bekannter von mir (er hatte gerade ausgelernt) suchte 1967 eine Stellung als Buchdrucker. Auf eine vierzeilige Fließsatzanzeige in einer kleinen Fachzeitung erhielt er 64 Stellenangebote. Die Firmen überboten sich gegenseitig mit Sonderleistungen: Eine Zahlung 20 % über Tarif war fast schon Standard, hinzu kamen oft noch die Bereitstellung einer günstigen, firmeneigenen Neubauwohnung (es herrschte damals ein arge Wohnungsnot), täglich ein kostenloses Kantinenessen, die Übernahme der Umzugskosten, evtl. die Nutzung des Firmenwagens usw..

Damals gab es in vielen Berufen einen echten Arbeitskräftemangel, der dann zu starken übertariflichen Leistungen führte. Die guten Beschäftigungs- und Verdienstmöglichkeiten in den Mangelberufen sorgten dann ganz automatisch für einen Anstieg der Lehrlingszahlen. In einem intakten Binnenmarkt reguliert sich eben alles ganz von selbst.

Bildung und Integration

Immer das gleiche Ritual: Probleme werden bagatellisiert und als Lösungsansatz hohe Investitionen in die Bildung gefordert. „Jede Investition in diesen Bereich zahlt sich aus!" wird selbstbewusst behauptet. Aber stimmt das überhaupt? Sicher nicht! Mit einem Extrembeispiel lässt sich die fragwürdige These wohl am besten widerlegen: Würde jemand 95 Prozent seiner Lebensarbeitszeit in seine Bildung investieren, so wird sich dies in den wenigsten Fällen auszahlen. Schon heute haben wir im Durchschnitt etwa ein Verhältnis von zwei zu drei. Soll heißen: 20 Jahre lang wird ausgebildet (Schule, Studium, Berufsbildung, Praktika, Umschulungen, Qualifizierungen usw.) und es verbleiben im Schnitt nur 30 Jahre Vollzeitarbeit, um den hohen Bildungsaufwand zu amortisieren. Denn es gilt schließlich auch die vielen Ausfallzeiten zu berücksichtigen (Babypause, Elternjahre, Erwerbslosigkeit, Vorruhestand, Halbtagsbeschäftigung usw.). Auch beim Bildungsaufwand gelten nun einmal einfache Rentabilitätsrechnungen, was aber viele Beschöniger nicht wahrhaben wollen.

Genauso töricht sind die abgehobenen Phrasen bezüglich der Integration. Auch hier werden absurde Forderungen gestellt und märchenhafte Erfolge versprochen. Doch rechnet sich der Aufwand wirklich so eindeutig wie vorgegaukelt? Die Kosten für die Integration eines Jugendlichen können mitsamt der schulischen und beruflichen Bildung rasch die 100.000-Euro-Marke überschreiten. Wenn dann am Ende aller Anstrengungen der Kriegsflüchtling wieder zurück in seine Heimat geht, ist das ganze Geld futsch. Natürlich war der Aufwand dann nicht sinnlos, aber volkswirtschaftlich gesehen eben doch ein dickes Minusgeschäft. Die ständige Proklamation, alles werde gut, die vielmillionenfache Aufnahme der Flüchtlinge rechne sich, wenn nur genügend Geld für die Integration bereitstünde, ist weit mehr als eine abenteuerliche Prognose: Für mich ist das die pure Volksverdummung.

Deutschland ist **kein** Einwanderungsland!

Auch wenn manche Journalisten und Politiker es immer wieder frech behaupten: Deutschland ist kein Einwanderungsland!

Es ist schier unglaublich, wie unverfroren die Multi-Kulti-Lobby unbeirrt aller Integrationsprobleme Deutschland zum Einwanderungsland küren will. Dabei fehlen diesem relativ kleinen Flächenland alle denkbaren Voraussetzungen, die ein typisches Einwanderungsland nun einmal ausmachen:

1. Deutschland ist einer der dichtbesiedelsten Staaten der Welt!
Es macht doch keinen Sinn, ein ohnehin schon dichtbesiedeltes Gebiet, dessen Agrarfläche nicht einmal ausreicht, die eigene Bevölkerung zu ernähren, generös zum Einwanderungsland zu erklären.

2. Deutschland leidet seit über drei Jahrzehnten unter der Massenarbeitslosigkeit!
Genauso unsinnig ist es, Armutsflüchtlinge in ein Land mit hoher Massenarbeitslosigkeit zu locken. Nicht einmal die meisten Deutschen (die ja immerhin perfekt ihre Muttersprache beherrschen) haben hier eine Chance auf einen fair bezahlten Vollzeitjob. Wie sollen in diesem Umfeld geringqualifizierte Ausländer mit fehlenden oder mangelhaften Deutschkenntnissen jemals durch Erwerbsarbeit ihre Großfamilie ernähren können?

3. Ein märchenhaftes Sozialsystem passt nicht zu einem Einwanderungsland!
Die typischen Einwanderungsländer USA, Kanada und Australien gewähren Immigranten keinerlei Sozialhilfen. Erst nach einer zehnjährigen Erwerbsphase erwirbt zum Beispiel ein Zuwanderer in den USA ein Anrecht auf eine sehr dürftige Sozialhilfe (für höchstens fünf Jahre). Deshalb zieht es in der Regel in die klassischen Einwanderungsländer nur diejenigen, die voll motiviert und sich ihrer eigenen Fähigkeiten

bewusst sind und auch den Willen zur Integration mitbringen. Nur so können diese Länder ihren bescheidenen Sozialstaat erhalten. Deutschland aber bietet Migrantenfamilien ein sorgenfreies Luxusleben auch ohne jegliche Erwerbsarbeit (sie erhalten an Unterstützung oft das Zehnfache dessen, was sie in ihrer alten Heimat in Doppelschichten hätten verdienen können). Erwerbslosen kinderreichen Migrantenfamilien (ebenso wie deutschen Hartz-IV-Haushalten) geht es in Deutschland inzwischen finanziell häufig besser als berufstätigen Akademikerfamilien (Ärzten, Rechtsanwälten, Apothekern usw.). Nähere Erläuterungen dazu finden Sie in meinem Buch „DAS KAPITAL und der Sozialstaat". Die Gleichung Einwanderungsland + hohe Sozialhilfen für erwerbslose Migranten kann niemals aufgehen.

„Aber Deutschland stirbt doch aus ..."
Auch die These „Deutschland stirbt ohne Migranten aus ..." halte ich für hetzerisch und verlogen. Solche Parolen sind nicht besser als Hitlers Plattitüden vom „Volk ohne Raum". Wäre es tatsächlich so furchtbar, wenn die deutsche Bevölkerungsdichte (Personen pro qkm) im Laufe der Jahrhunderte auf das Niveau anderer europäischer Staaten (Frankreich, Polen, Spanien, Italien usw.) absinken würde? Doch dazu wird es wahrscheinlich nie kommen, weil in einem souveränen Nationalstaat, in dem sich die eigenen Bürger heimisch und geborgen fühlen, auch ganz automatisch der Kinderwunsch wieder ansteigt.

Aber nur theoretisch einmal angenommen: Eine allmähliche Abnahme (Normalisierung) der Bevölkerungsdichte wäre keine Katastrophe, sondern ökologisch und auch ökonomisch vorteilhaft. Viele Deutsche wandern heute aus, weil sie sich hier zu eingeengt fühlen und die beruflichen Aussichten infolge des gigantischen Überangebots an Arbeitskräften eher trübe ausschauen. Würde sich langfristig diese oft empfundene Bedrängtheit und Überfremdung erübrigen, könnte der Auswanderungswille schwinden und auch der Kinderwunsch wieder an Bedeutung gewinnen.

Hätten sich unsere früheren Regierungen aus dem globalen Lohndumpingwettbewerb herausgehalten und auf Zollsenkungen verzichtet, bräuchten wir über sinkende Geburtenraten eh nicht zu klagen. Dann wären nämlich die Reallöhne heute auf etwa doppeltem Niveau (entsprechend der Produktivitätssteigerungen). Bei gleichem Lebensstandard wie heute bräuchten die Menschen nur noch halb so viel arbeiten, hätten also viel mehr Zeit für ihre Familie und Kinder (die Vereinbarkeit von Kindererziehung und Beruf wäre wesentlich einfacher).

Noch in diesem Jahrhundert werden die Deutschen zur Minderheit!
Selbst wenn es den derzeitigen Flüchtlingsansturm nicht gäbe und nie gegeben hätte, werden nach seriösen Berechnungen die Deutschen zur Minderheit im eigenen Land. Bei gleichbleibender Fortpflanzungs- und Einwanderungsrate wird unser Land dann mehr fremdländische als deutschstämmige Einwohner haben. Wie man dann mit der deutschen Minderheit umgeht, wird man sehen.

Nachtrag: In Frankfurt haben bereits 68 Prozent der Kinder unter sechs Jahren ausländische Wurzeln. (Quelle „Der Spiegel" vom 11.11.2013, Seite 66). In zwanzig Jahren dürfte sich diese Quote auf die jungen Erwachsenen fortgeschrieben haben. Ist den Verantwortlichen überhaupt bewusst, welche Auswirkungen dieser schleichende Wandel nach sich ziehen wird?

Altkanzler Helmut Schmidt, dem ja wohl niemand einen Rassismus oder eine Fremdenfeindlichkeit vorwerfen kann, warnte bereits 1981, dass wir nicht noch mehr Ausländer verdauen können. Und 1992 mahnte er, „aus Deutschland mit einer immerhin 1000jährigen Geschichte seit Otto I. nicht nachträglich einen Schmelztiegel zu machen". Vor gut zehn Jahren erklärte er schließlich die multikulturelle Gesellschaft zu einer Illusion von Intellektuellen. War Helmut Schmidt ein Dummkopf, litt er unter Wahnvorstellungen? Hatte er weniger Ahnung als die selbstgerechte Fraktion der Multikulti-Gutmenschen? Ich denke nicht.

Die typischen Einwanderungsländer selektieren die Zuwanderung!
Die drei historisch gewachsenen Einwanderungsländer betreiben eine knallharte Interessenpolitik. Sie lassen vorwiegend nur solche Leute ins Land, die dringend gebraucht werden

bzw. von denen sie sich finanzielle Vorteile versprechen. Vielleicht sollte sich Deutschland an diesen Ländern einmal orientieren. Dies gilt auch für die Zahlung von Hartz IV für Migranten. Es ist doch schon merkwürdig, dass Deutsche im Ausland (selbst in vielen EU-Ländern) meistens ganz auf sich allein gestellt sind oder vom deutschen Staat Sozialhilfen erhalten, umgekehrt aber unser Sozialsystem für alle Zugereisten offen steht (und damit Sozialversicherungsbeiträge und Lohnsteuern in die Höhe treiben).

Ignoranz der Fakten
Thilo Sarrazin (SPD) hat in seinem Bestseller „Deutschland schafft sich ab" den Wahnsinn unserer Einwanderungspolitik umfassend und präzise geschildert. Mit unwiderlegbaren Fakten und großer Sachkenntnis hat er die Unhaltbarkeit unseres jetzigen Systems offengelegt und entsprechende Empfehlungen zur Umsteuerung ausgesprochen. Kein neutraler Beobachter könnte sich eigentlich der Logik seiner Argumentation entziehen.

Doch die Politik kneift mal wieder, sie ignoriert weiterhin die Realität und die sich daraus ergebenden Notwendigkeiten. Was ist das für eine Demokratie, in der man den Willen der breiten Bevölkerung für unwichtig erachtet und trotz drohender Apokalypse keinen Handlungsbedarf erkennt?

Wer erklärt eigentlich unseren Staat zum Einwanderungsland?
Die Bürger? Die Politiker? Die Lobbyisten? Die Zuwanderer? Oder ist es vielleicht so, dass eine zielführende Umerziehung der Bevölkerung über die staatlichen Medien erfolgt?

Als Beispiel: die 20.00-Uhr-Tagesschau vom 29. 4. 2014. Dort wurde wieder einmal ausführlich von unserer „Einwanderungsgesellschaft" geschwärmt, dass wir auf einem guten Weg zum modernen Einwanderungsland seien, wie sehr doch Deutschland die Einwanderer brauche und unsere Wirtschaft davon profitiere. Der „Sachverständigenrat deutscher Stiftungen für Integration und Migration" durfte seine Positionen darlegen, als ob er allein das Maß aller Dinge wäre und andere Ansichten gar nicht mehr zur Debatte stünden.

Klar doch, dass eine so amtliche Quelle wie die Tagesschau vom Zuschauer als seriös eingestuft wird und die dort wiederholt verbreiteten Ansichten ohne großes Nachdenken weitgehend als Fakt angesehen bzw. „erlernt" werden. Noch nie war die schleichende Umerziehung eines ganzen Volkes so einfach.

Die SPD will Deutschland zum Einwanderungsland erklären!
Im Sommer 2015 hat der forcierte Flüchtlingsstrom nach Deutschland auch viele naive Gutmenschen und Schönredner zum Umdenken bewogen. Sogar die SPD hat inzwischen eingesehen, dass die Aufnahmefähigkeit unseres Staates begrenzt ist und bietet ihrem Koalitionspartner CDU/CSU einen Deal an. Sie wird mitmachen, wenn es darum geht, die drei restlichen Balkanstaaten zu sicheren Herkunftsländern zu erklären (um den Asylmissbrauch aus diesen Regionen einzudämmen). Im Gegenzug für dieses Zugeständnis soll aber die CDU/CSU endlich einem Einwanderungsgesetz zustimmen. Ich halte die Verknüpfung der beiden Themen für eine Erpressung! Aus den bereits genannten Gründen taugt der deutsche Sozialstaat nun einmal nicht zum Einwanderungsland.

Es gibt hier keinen Fachkräftemangel (lediglich eine exzellent kaschierte Massenarbeitslosigkeit), keinen Menschenmangel und Deutschland kann auch nicht als sozialer Reparaturbetrieb der Welt herhalten (schon mit den EU- und Eurohilfen hat sich unser Staat übernommen).

Die Bevölkerungszahl Afrikas hat sich in den letzten 100 Jahren etwa verachtfacht. Expertenprognosen lassen befürchten, dass der Trend anhält und sich diese Zahl in den nächsten 100 Jahren nochmals vervierfachen wird. Denn in weiten Teilen Afrikas ist eine verantwortungsvolle Familienpolitik (Geburtenkontrolle) immer noch verpönt, sie widerspricht deren kulturellen und religiösen Ansprüchen.

Davon abgesehen ist die systematische Anwerbung von Fachkräften sowieso höchst bedenklich und unmoralisch. Sollte es durch das Einwanderungsgesetz tatsächlich gelingen, die besten Fachkräfte anzulocken, so wäre es das reinste Schmarotzertum. Denn gerade die Eliten, Spezialisten und guten Fachkräfte brauchen die im Aufbau befindlichen Entwicklungsländer dringend selbst.

Warum ist die Bevölkerungsexplosion kein Thema?

Die Bevölkerungsexplosion ist verantwortlich für Hungersnöte, Kriegswirren und Klimawandel – und somit auch für Flüchtlingsbewegungen und Völkerwanderungen. Warum aber wird dieses Thema von den ach so neutralen Medien dermaßen tabuisiert? Es ist doch geradezu lächerlich, immer wieder um den heißen Brei herumzureden! Wie kann man über die Ursachen der Völkerwanderungen und der drohenden Klimakatastrophe sprechen, ohne die Bevölkerungsexplosion in den Vordergrund zu rücken? Seit dem Jahr 1900 hat sich die Zahl der Menschen von 1,5 Milliarden auf etwa 7,5 Milliarden erhöht. Das ist also eine Verfünffachung. Und dieser besorgniserregende Trend hält gerade in den Entwicklungsländern weiter an.

Wie stellen sich unsere liberalen Journalisten und Politiker unsere Zukunft vor? In den armen Staaten verdoppelt sich weiterhin alle 25 Jahre die Population – und <u>der reiche Westen hat dann die verdammte Pflicht, all die Menschen, die in ihrer Heimat nicht anständig leben können, aufzunehmen?</u> Ist das die verquere Logik, löst das die Probleme?

Geben unsere linkspopulistischen Vordenker erst Ruhe, wenn sich die Bevölkerung in Deutschland und Europa durch die Zuwanderung aus fernen Erdteilen ebenfalls verdoppelt und verdreifacht hat? Wären die Linkspopulisten zufrieden, wenn Deutschland 150 Millionen Einwohner hätte – zwei Drittel davon mit Migrationshintergrund? Würden sie dann endlich den Sinn einer verantwortungsvollen Geburtenregelung begreifen? Erlauben sie dann eine Obergrenze bei der Zuwanderung?

Es ist schon mehr als abartig, als Ursache für die Völkerwanderungen den Klimawandel aufzuführen, in diesem Zusammenhang aber den gewaltigen Faktor der globalen Bevölkerungsexplosion auszuklammern. Natürlich hat der Klimawandel auch etwas mit unserem hohen Lebensstandard zu schaffen, aber der hat sich bekanntlich in der westlichen Welt seit 35 Jahren kaum erhöht (trotz Verdoppelung der Produktivität). Ja doch, selbstverständlich haben auch die Entwicklungs- und Schwellenländer ein Anrecht auf diesen Wohlstand.

Aber gerade weil das so ist, muss eben die Bevölkerungsexplosion eingedämmt und zurückgefahren werden. Unser Planet kann global gesehen nicht einmal einen Wohlstand auf dem Niveau unseres verfassungsrechtlich garantierten Existenzminimums verkraften. Das Ökosystem würde bei einem solchen Anspruch kollabieren. Auch die vorhandenen Ressourcen an Rohstoffen würden dafür nicht ausreichen.

Nun möchte ich nicht den Eindruck erwecken, die Natur bzw. unser Planet wüsste sich gegen die Unvernunft der Menschen nicht zu wehren. Sollte die Weltbevölkerung weiter zunehmen, wird der Klimawandel und die Umweltverschmutzung die Lebensqualität und die Lebenserwartung deutlich reduzieren, außerdem wird die Zeugungsfähigkeit spürbar abnehmen. Flora und Fauna wären schon in einigen Jahrzehnten nicht wiederzuerkennen. Das sich ausbeitende Elend sowie Hungersnöte würden einen mörderischen Verteilungskampf um Rohstoffe und Nahrungsmittel auslösen.

Der Mensch muss sich also entscheiden, ob er hinsichtlich der Bevölkerungsexplosion seinen Verstand gebrauchen oder die notwendige Korrektur den Naturkäften überlassen will. Das Thema zu tabuisieren und Europa bzw. Deutschland generös als Fluchtort und internationales Allgemeingut anzubieten, dürfte den Ausbruch der Katastrophe bzw. die Anerkennung der Dringlichkeit allenfalls um 10 Jahre verzögern.

Bevölkerungsentwicklung
in den letzten 50 Jahren (1963-2013)

	1963	**2013**
Deutschland	69,0 Millionen	80,6 Millionen
Syrien	5,5 Millionen	22,8 Millionen
Irak	7,3 Millionen	33,4 Millionen
Afghanistan	14,5 Millionen	30,5 Millionen
Nigeria	37,3 Millionen	173,0 Millionen
Pakistan	42,8 Millionen	182,0 Millionen

Obwohl in den meisten Flüchtlingsstaaten kaum Kindergeld gezahlt wird, haben sich dort die Bevölkerungszahlen in nur 50 Jahren im Durchschnitt vervierfacht. Wie wird sich die Geburtenrate der Flüchtlinge in Deutschland entwickeln?

Übrigens befinden sich schon heute 45 % der Nigerianer, ihr Heimatland würde ihnen keine Zukunft bieten.

Wer zahlt?

Sind Realisten Unmenschen?

Immer wieder Versprechungen zu machen ist einfach – und im Namen des Staates grenzenlose Humanität zu fordern, ist mehr als billig. Auch Steuergelder fallen nun einmal nicht vom Himmel, sie werden in der Regel der arbeitenden Bevölkerung abgeknöpft.
Da Deutschland durch den weitgehenden Zollverzicht sich dem gnadenlosen, globalen Lohndumpingwettbewerb verschrieben hat, bedeuten zusätzliche Hilfen auch zusätzliche Belastungen. Das führt in den meisten Branchen zu sinkenden Realeinkommen bei stetig steigendem Leistungsdruck. Auch diese Entwicklung ist inhuman, wird aber in diesem Zusammenhang nicht erörtert.
Man weicht lieber jeder ehrlichen Diskussion aus und tut so, als sei alles machbar:
Die üblichen Entwicklungshilfen in Milliardenhöhe, die jährlichen EU-Nettozahlungen in zweistelliger Milliardenhöhe, die hochriskanten Sonderhilfsprogramme für notleidende EU-Staaten (Griechenland), die ausufernde Aufnahme von Asylanten und Flüchtlingen usw. usw..
Doch wie lange kann diese Vogel-Strauß-Politik noch gutgehen? Wie lange denkt man, der deutsche Michel lasse sich alles aufbürden, wenn man nur immer wieder von den echten Kosten ablenkt und penetrant die vermeintlichen Vorzüge preist (die Wirtschaft profitiert, der Fachkräftemangel wird behoben, die „demografische Lücke" geschlossen).

Faktencheck – für wie blöd hält man die Leser?

„Der Spiegel" veröffentlicht in Heft 34/2015 (Seite 45) einen sogenannten Faktencheck unter dem Titel „Sind wir das Weltsozialamt?". Ja, Sie liegen richtig, wenn Sie bereits ahnen, dass diese Analyse natürlich das Gegenteil zu beweisen versucht. Als Indikator gilt das BIP pro Flüchtling und Asylbewerber. Dabei wird das BIP eines Landes durch die Anzahl anerkannter Fälle geteilt. Auf diese verschrobene Weise landet Deutschland (wegen seines 100 bis 1000fach höheren BIP) natürlich weit abgeschlagen auf Platz 73 der 161 erfassten

Staaten. Die wahren Helden sind Anrainerstaaten wie der Tschad, Libanon, Südsudan, Liberia usw..

Doch wie albern ist eine solche Aufrechnung? Die an die Krisenregionen angrenzenden Länder nehmen zwar viele Flüchtlinge auf, aber was leisten sie denn schon? Bereitgestellt wird meistens nur karger Steppenboden zum Aufbau riesiger Flüchtlingslager. Die wiederum werden weitgehend bis ausschließlich von westlichen Industriestaaten bzw. über internationale Hilfsorganisationen versorgt.

Aussagekräftig wären die tatsächlichen Aufwendungen für Flüchtlinge gewesen. Wobei auch die Folgekosten berücksichtigt werden müssen. Denn wie lange werden Asylanten und Flüchtlinge als solche in Deutschland auch statistisch erfasst? Wann werden sie per Federstrich zu ganz normalen Bundesbürgern oder Zuwanderern, obwohl die Kosten über Hartz IV weiterlaufen?

Geschätzte Aufwendungen
für Flüchtlinge und Asylanten

Leider gibt es keine amtlichen Statistiken über die tatsächlichen Beträge, die ein Staat für seine Flüchtlinge aufwendet. Auch die Medien scheuen offenbar einen ehrlichen Vergleich und bringen stattdessen absurde Aufrechnungen, wie im vorigen Absatz beschrieben.

Bei einer ehrlichen Kostenanalyse (Stand Oktober 2015) dürfte sich in Etwa folgende Rangliste für 2015 ergeben (wie gesagt, die Werte kann ich nur grob abschätzen, mir fehlen die Mittel eines großen Medienkonzerns oder einer Behörde).
1. Deutschland ca. 40 Milliarden Euro (für die allumfassende Versorgung von 1.000.000 Neuankömmlingen und fast ebenso vielen geduldeten Flüchtlingen aus den Vorjahren)
2. Schweden 5 Milliarden Euro
3. Österreich 3-4 Milliarden Euro
4. Frankreich 2 Milliarden Euro
5. USA 2 Milliarden Euro
6. Großbritannien 2 Milliarden Euro
7. Italien 2 Milliarden Euro
8. Griechenland 2 Milliarden Euro
9. Dänemark 2 Milliarden Euro
10. Türkei 1 Milliarde Euro

Dieses Ranking soll den gewaltigen Unterschied der deutschen Leistungen im Vergleich zu anderen Staaten aufzeigen und dessen Sonderstellung hervorheben. Amtlich ermittelte Werte könnten ab Platz 2 die Rangfolge verändern, aber das ist eigentlich recht unwesentlich.

Sollte jemand verwertbare Zahlen irgendwo auftreiben, möge er mich doch bitte davon unterrichten. Ich habe die Zahlen abgeleitet aus der Zahl der Flüchtlinge und Asylanten und dem Ausmaß an Aufwendungen pro Person in den betreffenden Aufnahmestaaten. Meine große Bitte an die Medienkonzerne und Behörden: Erstellt endlich eine aufrichtige Kostenanalyse aller relevanten Staaten.

„Flüchtlingskosten sind für Deutschland tragbar!"
Die Wirtschaftsweisen rechnen für 2015 nur mit direkten Ausgaben in Höhe 5,9 bis 8,3 Milliarden Euro.

Doch was bedeutet schon „direkte Ausgaben"? Soll das ein Scherz sein? Relevant sind doch nur die Gesamtkosten, die auch die Aufwendungen für die Registrierung und Verwaltung, für Betreuer, Sozialarbeiter, Psychologen, Dolmetscher, Polizisten, Juristen, für die medizinische Versorgung, Deutschkurse, Schulen, den Bau von Notunterkünften und Wohnungen usw. erfassen. Die Fixierung auf die „direkten" Ausgaben sehe ich als Akt der Täuschung und Irreführung. Weil das kleine Wort „direkt" in der Hetze des Alltags kaum begriffen und wahrgenommen wird. Warum eigentlich rücken die Wirtschaftsweisen nicht offen und ehrlich Zahlen über die Gesamtkosten heraus? Für 2016 erwarten übrigens auch die Wirtschaftsweisen einen deutlichen Anstieg der „direkten" Ausgaben. Dann sind es schon 9,0 bis 14,3 Milliarden Euro.

„Es gibt keine Steuererhöhungen!"
Was sollen uns diese Versprechungen aus dem Munde der Kanzlerin sagen? Will sie damit etwa suggerieren, die Neuaufnahme vieler Millionen Flüchtlinge werde den einzelnen Bürger nichts kosten?

Den Kostenaufwand für das Jahr 2015 habe ich bereits auf ca. 40 Milliarden Euro geschätzt. Derartige Beträge fallen nicht vom Himmel, sie werden auch kaum der Portokasse entnommen werden können. Es wird vermutlich wieder einmal gemauschelt: Der Staat macht zusätzliche Schulden, verzichtet auf überfällige Steuersenkungen und spart und kürzt an vielen anderen Stellen. Gleichzeitig heben die Kommunen lustig ihre Hebesätze für Gewerbe- und Grunderwerbssteuern an.

Die Sparmaßnahmen bekommen inzwischen alle zu spüren. So muss zum Beispiel der Sportunterricht in vielen Schulen ausfallen, weil die Turnhallen mit Flüchtlingen besetzt sind. In Flensburg wird sogar künftig auf die Fahrradprüfungen der Viertklässler verzichtet (weil Polizisten für den Flüchtlingseinsatz gebraucht werden).

Doch welche Kostenlawine wird in den nächsten Jahren auf uns zurollen? Die 1.000.000 Neuankömmlinge 2015 (wenn es überhaupt bei dieser Zahl bleibt) werden vermutlich 2016 immer noch zu 80 Prozent die volle staatliche Unterstützung beanspruchen. Weil die wenigsten Asylbewerber abgeschoben (wegen juristischer Winkelzüge) oder in den deutschen Arbeitsmarkt integriert werden können. Während sich die Kosten für den Altbestand an Flüchtlingen also nur langsam verringern, strömen täglich neue Heerscharen hinzu. Dadurch könnte sich der Kostenaufwand für 2016 bereits auf 55 Milliarden Euro summieren, für 2017 auf 70 Milliarden usw..

Wo soll das hinführen? Will man dann immer noch generös Steueranhebungen ausschließen und so tun, als sei der einzelne Bürger nicht betroffen?

Meine Krankenkassenbeiträge steigen um 3 %!
Als Rentner zahle ich im Monat 710 Euro an die Barmer. Obwohl die Inflationsrate derzeit bei angeblich 0 % liegt, werden meine Beiträge zur gesetzlichen Krankenkasse im kommenden Jahr um ca. 3 % steigen (Anhebung der Beitragsbemessungsgrenze + höherer Beitragssatz).

Mich wundert das wenig, denn die Kosten für die Behandlung von Flüchtlingen werden sicher nicht im vollen Umfang von den Städten und Gemeinden übernommen. Wenn zum Beispiel unser Flensburger Krankenhaus allein 30 Dolmetscher einsetzen muss, wird es dafür keinen finanziellen Ausgleich geben. Auch wenn wegen der Sprachbarrieren die Behandlung mehr Zeit beansprucht, wird dies sicherlich nicht honoriert. Zudem verursachen eingeschleppte Seuchen (TBC) zusätzliche Kosten. Kein Wunder also, wenn Krankenkassen mit den Beiträgen nicht mehr klarkommen.

Der Bund soll zahlen!
Viele naive Gutmenschen, die den Asylmissbrauch nicht sehen wollen und Abschiebungen als unmenschliche Barberei empfinden, wollen von den finanziellen Problemen absolut nichts wissen. In die Enge getrieben erklären sie schließlich, dafür müsse halt der Bund aufkommen. Als ob der Bund zaubern könne, als ob für ihn das Geld vom Himmel fällt.
 Am Ende werden alle zusätzlichen Belastungen wie gewohnt auf Otto Normalbürger abgewälzt. Weil in einer globalen Welt Konzerne und Großverdiener sich nicht über Gebühr ausnehmen lassen.

Warum nicht offen und ehrlich einen Solidaritätsbeitrag einführen!
Wer meint, man könne den Asylmissbrauch weiterhin dulden, sollte ehrlicherweise einen Solidaritätsbeitrag für Flüchtlinge einführen. Damit alle Bundesbürger endlich merken, dass Humanismus und Großherzigkeit auch ihren Preis haben.
 Die politischen Trickser werden einwenden, das dürfe man nicht, dadurch würde in der Bevölkerung die Akzeptanz für Asylanten schwinden. Aber als es um den „Aufbau Ost" ging, hat man in dieser Beziehung auch keine Skrupel gekannt. Da hat man die Diskriminierung der Ossis billigend in Kauf genommen. Es ist doch offensichtlich: Anstelle eines Solidaritätsbeitrags für den Aufbau Ost brauchen wir dringend einen zur Bewältigung der Flüchtlingsflut. Warum wird das nicht gemacht?

Zwangsarbeit für die Freiwillige Feuerwehr
In Flensburg wurden die Mitglieder der Freiwilligen Feuerwehren dazu verdonnert, an den Wochenenden bei der Versorgung ankommender Flüchtlinge zu helfen. Nach dem ersten Einsatz mussten sich allein acht Leute aus einer Ortsgruppe krank melden (zwei davon mit dem Verdacht auf Tuberkulose).
 Am nächsten Wochenende sollten die „freiwilligen" Helfer wieder anrücken, um die Endreinigung für neue Notunterkünfte vorzunehmen. Man bedenke: Die Ehrenamtler der Freiwilligen Feuerwehren haben in der Regel in ihrem Beruf bereits eine anstrengende 40-Stunden-Woche hinter sich, sie müssen zudem ihren Haushalt passen und für die Familie

sorgen und im Rahmen ihres Engagements bei der Feuerwehr Übungsabende und Noteinsätze absolvieren.

Nun sollen sie auch noch am „freien" Wochenende Unterkünfte putzen! Das ist schon arg, oder? Warum, so frage ich mich, können nicht Asylbewerber, die bereits seit Monaten zu Hunderten in Flensburg und Umgebung zur Untätigkeit verdammt auf ihre Bescheide warten, bei der Endreinigung neuer Unterkünfte behilflich sein? Sind sie für eine solche Arbeit ungeeignet, traut man denen überhaupt nichts zu?

Wann kippt die Stimmung?
Dass man mit einer Billiggeldschwemme die Märkte nicht ewig manipulieren kann, sollte jedem einleuchten.

Wenn die Party vorbei ist, bricht die Konjunktur ein und die Arbeitslosenzahlen schnellen in die Höhe. Wie will man in einer solch prekären Situation die Wut der Bürger im Zaume halten? Wird dann der Pöbel noch unterscheiden zwischen bestens integrierten Menschen mit Migrationshintergrund und widerrechtlich eingeschleusten Scheinasylanten?

Wer die Akzeptanz unserer Multi-Kulti-Gesellschaft erhalten will, darf die Bürger nicht überfordern!
Man muss auch mal „Nein" sagen können! So machen es fast alle Staaten. Deutschland lebt nicht in einer Märchenwelt, in der eine gute Fee oder Frau Merkel alles richten kann.

Es geht nicht an, dass Deutschland pro Asylant über die Jahre einige zehn- oder gar hunderttausend Euro aufwendet, andererseits aber in den bekannten Armutsregionen wegen ein paar Euro Menschen verhungern oder an medizinischer Unterversorgung sterben. Mit den 25 Milliarden Euro, die Deutschland in diesem Jahr schätzungsweise allein für die Neuankömmlinge aufbringen muss, ließen sich Millionen von Menschen retten und der wirtschaftliche Aufbau in vielen Entwicklungsländern gewaltig vorantreiben.

„Die haben ja mehr als wir!"
Nicht wenige deutsche Familien müssen feststellen, dass es Flüchtlingen oft besser geht als ihnen selbst. Während sie sich alles hart erarbeiten müssen, genießen Flüchtlinge (zumindest wenn sie den ersten Aufnahmelagern entronnen sind) eine Rundum-Vollversorgung, die den Staat (also den Steuerzah-

ler) voll in die Pflicht nimmt. Ist es wirklich verwunderlich, wenn diese merkwürdige Benachteiligung in weiten Teilen der Bevölkerung zu Unmut führt? Auch in anderer Beziehung haben deutsche Staatsbürger das Nachsehen. Sie unterliegen nämlich dem Prinzip der Sippenhaftung und müssen Familienangehörige in Not finanziell unterstützen.

Ist Deutschland das Schlaraffenland für Kranke und Schwerbehinderte?
Immer öfter erfahre ich über die Medien, wie Flüchtlinge in Griechenland, Mazedonien oder Italien ganz offen davon reden, mit ihren kranken oder behinderten Angehörigen unbedingt nach Deutschland zu wollen, „weil dort die ärztliche Versorgung so gut sei".
Bei diesen offenherzigen Schilderungen zeigt sich selten auch nur eine Spur von Schamgefühl oder Unrechtsbewusstsein. So als ob die Forderungen ganz selbstverständlich seien. Deutschland gilt als Krankenhaus und Sozialamt der Welt. Und unsere Medien und Politiker nähren mit ihrer inszenierten Willkommenskultur diese Anspruchshaltung.
Übrigens: Der Flüchtlingsansturm hat schon jetzt fatale Auswirkungen. Krankenhäuser klagen, dass Asylanten selbst wegen Nichtigkeiten die Notaufnahmen blockieren, weil sie zu Hausärzten kein Vertrauen haben oder ihnen das Besorgen einer Überweisung zu unbequem ist.
Ich selbst habe die dadurch entstehenden Engpässe am eigenen Leibe zu spüren bekommen. Vor einigen Monaten hatte ich in den späten Abendstunden einen akuten Herzinfarkt. Obwohl die Diagnose eindeutig und telefonisch abgeklärt war, rückte der Rettungswagen zunächst ohne Arzt an (weil keiner zur Verfügung stand). 25 wertvolle Minuten gingen so verloren.

Die Verklärung der Chancen!
Wenn gewieften Demagogen sachliche Argumente ausgehen, greifen sie in die Trickkiste. Sie schwadronieren dann zum Beispiel von den großen Chancen, die sich durch die Belastungen ergeben. Das Zauberwort „Chancen" ist eine Trumpfkarte, die immer sticht. Auch die aussichtsloseste Lage kann schließlich irgendwelche Chancen eröffnen. Die Hoffnung stirbt zuletzt, und das wird schamlos ausgenutzt.

„Wir können doch nichts dafür ..."

„Wir können die Menschen nicht aufhalten!"
Diesen Satz hört man leider allzu oft. Doch er stimmt nicht, wie fast alle Länder dieser Erde erfolgreich unter Beweis stellen. Dabei geht es nicht darum, hohe Mauern und Sicherheitszäune um Deutschland zu errichten, wie von Linkspopulisten immer wieder unterstellt wird (um die Sache ins Lächerliche zu ziehen). Normale Grenzübergänge, wie sie vor Inkrafttreten des Schengener Abkommens üblich waren, würden sicher schon ausreichen. Das Schengener Abkommen verlangte die strikte Sicherung der EU-Außengrenzen (was aber nie so richtig funktioniert hat).

Aber vermutlich kann Deutschland sogar auf Grenzübergänge verzichten. Denn selbst im linkspopulistischen Fernsehen beteuern Flüchtlinge: „Würde Frau Merkel sagen, wir seien nicht mehr willkommen, würden wir uns auch gar nicht erst auf den Weg machen!". Andere Syrienflüchtlinge gestehen ein, sie wären im Libanon oder der Türkei geblieben, hätte Deutschland seine Hilfen auf das Niveau anderer Staaten abgesenkt.

Angela Merkel bei Anne Will ...
Am Abend des 7. 10. 2015 war Angela Merkel bei Anne Will zu Gast. Eine volle Stunde stand sie Rede und Antwort. Sie argumentierte durchaus geschickt und verteidigte ihre bekannten Positionen. Ihre Kernaussage aber war dennoch entlarvend. Sie sagte nämlich, es läge doch nicht in ihrer Macht, wieviele Menschen nach Deutschland kämen.

Und genau das ist der große Irrtum! Wie kommt es denn, dass nur relativ wenige Flüchtlinge nach Frankreich wollen und selbst Dänemark in diesem Jahr weniger Asylbewerber erwartet als im letzten Jahr? Mit ihren diversen Äußerungen die um die Welt gingen, hat sich Frau Merkel zur Leitfigur der naiven Willkommenskultur gemacht. Nicht ohne Grund tragen zahlreiche Flüchtlinge auf ihrem Marsch ins märchenhafte Deutschland ikonenhafte Bilder unserer Kanzlerin vor sich her.

Auch bei Anne Will sprach sie sich nochmals trotzig gegen einen Aufnahmestopp und gegen die Schließung von Grenzen aus. Dabei erhielt sie drei Tage zuvor einen offenen Brief von

34 CDU-Parteifunktionären, die eindringlich mahnten: „Die gegenwärtig praktizierte Politik der offenen Grenzen entspricht weder dem europäischen oder deutschen Recht, noch steht sie im Einklang mit dem Programm der CDU.". Warum orientiert sich Frau Merkel nicht endlich an der Asylpolitik der anderen EU-Staaten? Sie braucht doch nichts neu zu erfinden, sondern nur deren Maßnahmen nachzuahmen.

Frau Merkel sollte auch endlich den Schneid haben, Klartext zu reden und der Weltöffentlichkeit verdeutlichen, dass unsere Aufnahmemöglichkeiten für die nächsten fünf Jahre vollkommen erschöpft sind, dass sowohl Wirtschafts- als auch Kriegsflüchtlinge nicht mehr willkommen sind und nach wie vor die Dubliner Einreisegesetze gelten.

Frau Merkel sollte zudem die verlogene Fachkräftemangelpropaganda und „Deutschland-stirbt-aus"-Debatte mit deutlichen Worten beenden. Damit sich Flüchtlinge gar nicht erst falsche Hoffnungen machen.

Wieso kommen nach Frankreich nur 20.000 Flüchtlinge?
Unsere Politiker dürfen ruhig einmal darüber nachdenken, wieso Frankreich in diesem Jahr nur mit 20.000 Flüchtlingen rechnet, Deutschland aber mit über einer Million. Frankreich ist schließlich auch ein zivilisierter Staat mit christlichen Werten und unterliegt den gleichen EU-Gesetzen wie Deutschland. Warum definiert man dort den Humanismus und die Menschenwürde ganz anders? Will etwa jemand behaupten, die Franzosen seien Rassisten?

Polnischer Präsident gegen Aufnahme neuer Flüchtlinge!
Der polnische Präsident lehnt die Aufnahme weiterer Flüchtlinge ab – wie die meisten seiner EU-Kollegen. Ist er ein Unmensch, ist er ein Ausländerfeind, ein Rechtsradikaler? Oder ist er nur ein Realist? Wie kann es sein, dass deutsche Politiker meinen, der ganzen Menschheit ein Asylrecht anbieten zu müssen?

In Schweden werden abgelehnte Asylbewerber innerhalb von 4 Tagen abgeschoben!
Wie kann es sein, dass andere EU-Staaten ruckzuck handeln

können, aussichtslose Asylbegehren innerhalb von Tagen abschmettern und auch die Abschiebung postwendend durchsetzen? Warum brauchen deutsche Behörden mehrere Monate für einen Vorgang, den angesehene Rechtsstaaten innerhalb von Tagen erledigen?
Warum dürfen abgelehnte Asylbewerber in Deutschland immer wieder auf Staatskosten ihre Bescheide anfechten, wo sie doch fast alle gesetzwidrig (nämlich über sichere EU-Staaten) eingereist sind? Warum ist es erlaubt, mit Tricks (vorgetäuschte Krankheiten, angefangene Ausbildungen usw.) immer wieder die Abschiebung zu vereiteln? Warum muss unser Rechtsstaat dermaßen pervertiert und ins Lächerliche gezogen werden?
Sich dabei immer wieder auf unser Grundgesetz zu berufen ist mehr als billig. Auch unsere Verfassung ist nicht in Beton gegossen, sie kann durchaus überarbeitet und der heutigen Zeit angepasst werden. Sigmar Gabriel sieht das offenbar ähnlich. Er bekundete öffentlich (sinngemäß): „Letztlich entscheidet nicht die Regierung oder die Verfassung, sondern die Bevölkerung.". Diesem demokratischen Grundprinzip sollten sich doch bitte alle unsere Volksvertreter immer wieder verpflichtet fühlen.

Zigtausende Flüchtlinge werden im Mittelmeer „gerettet"!

Ständig wird in den Fernsehnachrichten über heldenhafte Rettungen hunderter oder gar tausender Bootsflüchtlinge berichtet. Das Prozedere ist fast immer gleich: Bereits kurz vor der lybischen Küste werden die Flüchtlinge in ihren völlig überladenen Booten aufgegriffen und nach Italien verschifft. Einige Tage später sind die meisten von ihnen bereits in Deutschland (wobei der unbedarfte Fernsehzuschauer davon ausgehen muss, Italien trage die Hauptlast dieser Bootsflüchtlinge).

Doch warum bringt man diese Flüchtlinge überhaupt ins ferne Europa, wenn sie doch kurz vor der afrikanischen Küste in Seenot geraten? Warum ist die EU für die Küstensicherung Afrikas zuständig?

Die kriminellen Schleuser können inzwischen die letzte Etappe der Flucht strategisch einplanen. Die europäischen Rettungsboote übernehmen den heikelsten Teil ihres schmutzigen Jobs. Wie praktisch!

„Wir können die Völkerwanderung nicht stoppen!"

Aus rechtlichen Gründen nicht!
Aus moralischen Gründen nicht!
Aus praktischen Gründen nicht!

Wieder und wieder wird das Fernsehvolk über die öffentlichrechtlichen Medien darüber belehrt, wie unmöglich es doch sei, den Flüchtlingsansturm einzudämmen. Sowohl rechtliche als auch moralische und praktische Gründe würden dies auf keinen Fall zulassen.
Doch wie ehrlich sind diese mantrahaften Beteuerungen?

1. Die rechtlichen Gründe
Ist Deutschland verpflichtet, am Asylpassus der Genfer Konvention festzuhalten? Nein! Und darf das Grundgesetz neuen Gegebenheiten angepasst werden? Natürlich! Mit welcher Hartnäckigkeit und Unverfrorenheit will man uns einreden, Deutschland könne oder dürfe den sich anbahnenden Untergang nicht abwenden? Weil die Flüchtlinge im Recht seien! Für wie blöd hält man uns?

Wie aberwitzig und abgehoben die Asylgesetze sind, sollte doch selbst der Naivste längst mitbekommen haben. Unsere Bundestagsabgeordneten sind geradezu verpflichtet (dafür haben wir sie überhaupt und dafür bekommen sie ihr großzügiges Gehalt), Schaden vom Volk abzuwenden.

2. Die moralischen Gründe
So ist es also heute schon! Die Menschenrechte und Menschenwürde werden derart abstrus ausgelegt, dass sogar die Preisgabe des eigenen Territoriums verlangt werden kann.

Früher mussten Staaten noch einen Krieg führen, um ein Land zu erobern. Heute dürfen ganze Völker bei uns einwandern und sich hier niederlassen. Und die Alteingesessenen haben dann die verdammte „christliche" Pflicht, diese Menschenmassen zu beherbergen und zu verpflegen, sie auszubilden und für sie akzeptable Arbeitsplätze zu schaffen. In der Hoffnung, dass sich nach vielen Jahren ein Teil von ihnen endlich selbst versorgen kann.

Dieses überdrehte Pflichtverständnis kann man sehr wohl als eine neue Form der Versklavung deuten. Es trifft diesmal bloß das eigene Volk.

Die „moralische Pflicht" führt langsam aber sicher zur Umkehr der politischen Verhältnisse. Die Deutschen geraten in wenigen Jahrzehnten in die Unterzahl und haben dann nichts mehr zu melden. Ob sie dann noch geduldet werden, zum Islam übertreten müssen oder vertrieben werden, weiß man heute nicht.

3. Die praktischen Gründe

Einfältige Menschen werden vielleicht an das Märchen der Machtlosigkeit glauben. Doch wie seltsam, andere Staaten schaffen es, sich der unerwünschten Zuwanderung zu erwehren. Hätte Deutschland ähnliche Regeln und Asylgesetze wie viele andere Staaten, würde es also den Flüchtlingen ebenfalls nur geringe oder gar keine staatliche Hilfen gewähren, wäre der groteske Aufmarsch binnen weniger Wochen vorbei.

Und echte Staatsgrenzen (wie sie vor dem Schengener Abkommen selbstverständlich waren), könnten zusätzlich zur Normalisierung der Verhältnisse beitragen. Außerhalb Europas verfügen fast alle Staaten über reguläre Grenzen – keiner regt sich darüber auf. Wann will man eingestehen, dass das Schengener Abkommen nicht funktionieren kann?

Fazit: Nicht ein einziges der ständig bemühten Argumente ist wirklich stichhaltig. Die mediale Dauerberieselung dient der Volksverdummung (so sehe ich das jedenfalls).

Die ewigen Schuldzuweisungen

In Deutschland gehört die Nestbeschmutzung zum Standardrepertoire der politischen Einschüchterung. Was immer in der Welt geschieht – unsere Nation ist Schuld oder doch zumindest mitschuldig.

Wie sollte es auch anders sein, wird auch in der Flüchtlingsfrage der eigenen Bevölkerung der schwarze Peter zugeschoben. Das böse, böse Deutschland hat wie immer versagt. Es knausert bei der Entwicklungshilfe, zögert zu lange bei Schuldenerlassen, erlaubt Waffenexporte, stürzt keine Diktaturen, beendet keine Bürgerkriege, unterwandert durch Billigexporte (z. B. Hühnerabfälle, Altkleider) die afrikanische Wirtschaft und behindert gleichzeitig durch Zölle und Importbeschränkungen die Ausfuhren der Armutsländer.

Ich muss schon sagen, mir gehen diese ewigen Vorwürfe schon lange auf den Geist. Gerade Deutschland hat sich bislang immer äußerst generös gezeigt, hat geholfen, wo es nur konnte (im Gegensatz zu den meisten anderen Staaten).

Aber Gutmenschen und linke Träumer sind selten zufriedenzustellen. Die weitverbreitete deutschfeindliche Gesinnung in diesen Kreisen überschreitet meines Erachtens schon oft die Grenze der Volksverhetzung. Wenn immer wieder von Hasspredigern die Rede ist, darf man auf dem linken Auge nicht blind sein. Kein Wunder, wenn angesichts der dauernden Demutshaltung die Gutmütigkeit unserer Nation ausgenutzt wird und andere Staaten bzw. Völker wenig Repekt vor uns (und unserer scheinbar grenzenlosen Naivität) haben.

Dabei hat die Armut in vielen Entwicklungs- und Bürgerkriegsländern doch ganz andere Ursachen. Nicht die Deutschen sind Schuld, sondern korrupte Regierungen, grausame Despoten, eine ungenügende Rechtsstaatlichkeit, religiöser Fanatismus, Behördenwillkür, fehlende Verwaltungsstrukturen, Bildungsmangel, die Bevölkerungsexplosion usw..

Die eigentlichen Ursachen der Misere werden weitgehend ausgeblendet, staatdessen dem Westen, Europa und Deutschland die Schuld zugeschoben. Kein Wunder, wenn unsere Selbstanklagen den Menschen im fernen Afrika und Asien suggerieren, sie hätten ein Anrecht auf unseren in Jahrhunderten erkämpften Wohlstand.

Auch die vermeintliche oder tatsächliche Ausbeutung durch das kapitalistische System kann schwerlich unserer Bevölkerung angelastet werden. Otto Normalbürger profitiert nicht von den Dumpinglöhnen in aller Welt, sondern leidet selbst darunter. Wie das System der globalen Ausbeutung nachhaltig verändert werden könnte, habe ich in meinem Buch „DAS KAPITAL und die Globalisierung" ausführlich erläutert. Es würde zu weit führen, hier näher darauf einzugehen.

Der stete Verweis auf unsere Geschichte ...

Ebenso wie bei jeder Gelegenheit nebulös behauptet wird, „wir" seien an den Umständen in den Bürgerkriegsländern nicht unschuldig (wieso eigentlich), wird mit der deutschen Vergangenheit Schindluder getrieben.

„Wir sollten doch aus unserer Geschichte gelernt haben" wird bedeutungsschwanger in jede Diskussion eingeworfen. Der angezüchtete Schuldkomplex scheint sich bei vielen Moralisten zur Wahnvorstellung aufgeschaukelt zu haben. Als ob das deutsche Volk bis in alle Ewigkeit für die Gräuel der Nazidiktatur büßen müsse, „weil es den Krieg angefangen und den Holocaust geduldet habe".

Derlei Anschuldigen jedoch sind mehr als infam, verlogen und volksverhetzend. Die deutsche Bevölkerung war 1939 kriegsmüde, kaum jemand ist freiwillig in den grausamen Krieg gezogen. Und die wenigsten unter der Diktatur leidenden Menschen haben vom Holocaust etwas gewusst (wer als Insider irgendwelche Andeutungen machte, musste mit der Todesstrafe rechnen und brachte auch seine Angehörigen in Gefahr).

Es ist mehr als unfair, einem Volk, das unter dem II. Weltkrieg extrem gelitten hat, die Kollektivschuld für Hitlers Verbrechen aufzubrummen. Der einzig berechtigte Vorwurf: Gut 20 % der Wahlberechtigten haben bei der letzten freien Wahl im November 1932 für die NSDAP gestimmt. Weil sie an Hitlers Friedensversprechen glaubten und die Versailler Verträge zur Destabilisierung und Verelendung Deutschlands geführt hatten. Aber davon einmal abgesehen: Der II. Weltkrieg ist seit mehr als 70 Jahren vorbei. Gibt es eine Erb-Kollektivschuld bis in alle Ewigkeit?

Wie manipuliert man die Öffentlichkeit?

An der Flüchtlingsfrage lässt sich ablesen, in welchem Ausmaß und mit welchen Tricks die öffentliche Meinung gesteuert wird.

Vorteile vortäuschen!
Zunächst einmal wird der vermeintliche Nutzen der Zuwanderung herausgestrichen:
a) Es wird ein nicht vorhandener Fachkräftemangel vorgegaukelt.
b) Es werden Ängste geschürt bezüglich der natürlichen demografischen Veränderungen („Deutschland stirbt aus!", „Unser Rentensystem kollabiert!" usw.).

Probleme verniedlichen und Abhilfe ankündigen!
Auf dieser verlogenen Basis der Notwendigkeit bzw. Nützlichkeit werden dann die Probleme verniedlicht und schnelle Lösungen vorgetäuscht.
a) „Der Bund muss zahlen, dann kriegen wir das auch hin!"
b) „Wir müssen nur die restlichen Balkanstaaten zu sicheren Herkunftsländern erklären!"
c) „Wir müssen die Asylverfahren verkürzen und schneller abschieben."
d) „Brüssel muss die Flüchtlinge gerecht auf alle 28 EU-Staaten verteilen!"

Mitgefühl erzeugen!
Tagtäglich wird mit menschlichen Tragödien an unser Gewissen appelliert. Natürlich erwecken die menschlichen Schicksale der Kriegs- und Armutsflüchtlinge unser aller Mitgefühl. Darauf aufbauend wird uns pausenlos das Leid dieser armen Menschen präsentiert. Der Bürger wird emotional aufgeladen. Er soll mit dem Herzen, nicht aber mit dem Kopf denken. Denn würde er den Verstand einschalten, stünden plötzlich unangenehme Wahrheiten zur Diskussion.

Fluchtgründe vertuschen!
Uns wird die moralische Verantwortung eingeredet und es werden Schuldgefühle geweckt! Immer wieder die gleiche Litanei: Deutschland ist reich, Deutschland steht in der Verantwortung, die EU darf sich nicht abschotten, die Kriege werden auch mit deutschen Waffen geführt, die Industriestaaten bereichern sich an den Entwicklungsländern usw..

Asyl zum obersten Grundrecht stilisieren!
Das Recht auf Asyl wird als Selbstverständlichkeit dargestellt. Es gibt aber keinen internationalen Anspruch auf Asyl. Die wenigsten Länder gewähren Asyl, auch weil dieses Recht zum Missbrauch geradezu einlädt (viele Angaben kaum zu überprüfen sind).

Asylmissbrauch bagatellisieren!
Anstatt die Fakten anzuerkennen und den millionenfachen Missbrauch einzugestehen, wird die Bedürftigkeit der Menschen aus dem Balkan hervorgehoben und um Verständnis geworben („die Flüchtlinge müssen leider das Gesetz missbrauchen, um nach Deutschland kommen zu können").

Willkommenskultur anmahnen!
Wenn man der Bevölkerung Tag für Tag einredet, sie müsse den Flüchtlingsstrom akzeptieren und die Asylanten willkommen heißen, Deutschland stünde in der Pflicht und jeder Kritiker sei ein abgefeimter Rassist und Ausländerfeind, dann zeigt diese gehirnwäscheartige Umerziehung natürlich Wirkung. Weil Fakten und Vergleiche gescheut werden, bleiben unbequeme Fragen aus (zum Beispiel die Frage, wieso Deutschland eigentlich 40 mal so viele Flüchtlinge aufnehmen muss wie das benachbarte Frankreich).

Vorbilder präsentieren!
Vorbilder spornen an. Und wenn in den Medien immer wieder Personen gefeiert werden, die den Flüchtlingen uneigennützig helfen, erzeugt das nicht nur einen Nachahmungseffekt, es erhebt die Hilfsbereitschaft auch zur Selbstverständlichkeit, der sich nur böse Menschen widersetzen können.

Kritiker ausgrenzen!
Die Suggestion: „Alle redlichen Bundesbürger begrüßen die Willkommenskultur!" Wird diese vermeintliche Zustimmung oft genug hervorgehoben, wird daran schließlich auch geglaubt. Wer möchte schon gerne zum herzlosen „bösen Pack" gehören? Wenn tatsächlich die Mehrheit der Bevölkerung den Flüchtlingsansturm gutheißt (was zu bezweifeln ist), dann wäre dies nur ein Beleg für den Erfolg der medialen Dauerberieselung.

Diese kleine Auswahl mag genügen, um das komplexe System der Meinungsmanipulation zu skizzieren. Die weitgehende Gleichschaltung der Medien wirkt in diesem Zusammenspiel wie eine Gehirnwäsche. Die notwendige objektive Aufarbeitung der Flüchtlingsproblematik wird so vermieden.

Warum werden Wahrheiten so verdreht?

Warum verkaufen uns Journalisten Wirtschaftsflüchtlinge als Kriegsflüchtlinge? Sie wissen doch genau, dass die Flüchtlinge aus Syrien, Afghanistan oder dem Sudan auf dem Weg nach Deutschland eine Vielzahl sicherer Staaten durchquert haben und es deshalb zumindest auf den letzten Etappen nur noch um die Hoffnung auf einen höheren Lebensstandard geht!
Warum beteiligen sich Journalisten an dieser Volksverdummung? Warum schreiten sie nicht ein, wenn zum tausendsten Mal der allgemeine Fachkräftemangel beklagt wird? Wo sie doch genau wissen, dass in Deutschland bei einem Arbeitskräftepotential von ca. 50 Millionen nur 30 Millionen Menschen einen sozialversicherungspflichtigen Job haben! Von denen viele sogar noch miserabel bezahlt werden!
Warum wird der Demografiewandel als Katastrophe dargestellt („Deutschland stirbt aus")? Wo man doch weiß, dass die Bevölkerung in Deutschland (früher BRD+DDR) in den letzten 50 Jahren von 69 auf 81 Millionen gewachsen ist und die vermeintliche Überalterung sich in den nächsten drei Jahrzehnten ganz von allein abbaut (weil die Babyboomer-Generation in die Jahre kommt).
Immer wieder begründen durch die Medienpropaganda angelockte Afrikaner und Araber ihr Kommen mit dem Hinweis, in Deutschland gebe es zu wenig Menschen und es fehlen hier massig Arbeitskräfte.
Warum akzeptieren die Medien Ausflüchte, die sich auf das Grundgesetz beziehen? Warum klären die Medien die Bevölkerung nicht darüber auf, dass das Grundgesetz in entscheidenden Punkten widersprüchlich und unterschiedlich interpretierbar ist (ähnlich wie der Koran)? Selbst unsere Verfassungsrichter sind bei ihren Urteilen oft uneins, es gilt daher die Mehrheitsentscheidung.
Warum lassen die Medien es durchgehen, wenn verantwortliche Politiker sich hinter einem veralteten Grundgesetz verschanzen, anstatt überfällige Korrekturen anzugehen? Auch eine Verfassung muss hin und wieder den Herausforderungen der Zeit angepasst werden. Im Übrigen basiert das Grund-

gesetz auf dem römischen Recht, wonach Unmögliches auch der Staat nicht leisten kann.

Warum beteiligen sich Medien an Diffamierungskampagnen? Warum lassen sie es zu, wenn die Angst vor einer Übervölkerung und Überfremdung als Rassismus und Ausländerhass ausgelegt wird? Wieso ist ein Rassist, wer für die Begrenzung der Zuwanderung einsteht? Wer sich dem Komasaufen verweigert, wird doch auch nicht gleich zum Abstinenzler. Warum diese Hasstiraden und Verleumdungen gegen Andersdenkende, warum diese wutschnaubende Intoleranz?

Warum sprechen Medien ständig von der „rechtspopulistischen" AfD, warum nicht einfach neutral von der AfD? Die SPD, die Grünen und die CDU werden schließlich auch nicht als linkspopulistisch verunglimpft! Die CSU wäre m. E. die einzige Bundestagspartei, die man als neutral einstufen könnte. Aber die CSU ist leider nur eine Regionalpartei und muss sich ihrer großen Schwesterpartei weitgehend unterordnen.

Warum lassen die Medien es hochrangigen Politikern durchgehen, wenn sie behaupten, die deutschen Grenzen könne man nicht schützen bzw. eine Abschottung sei keine Lösung?

Neutrale Medien müssten bei solchen Beschwichtigungen doch sofort hellwach werden und die Behauptungen widerlegen. Fast alle Staaten dieser Erde zeigen, dass es sehr wohl anders geht! Sie verhindern erfolgreich eine Völkerwanderung in ihr Land.

Warum werden zu Talkshows und Kommentaren überwiegend Flüchtlingslobbyisten herangezogen? Selten gibt es unter den geladenen Gästen ein ausgewogenes Verhältnis. So verkommen viele politische Debatten zu reinen Propagandaveranstaltungen.

Diese Beispiele mögen genügen um aufzuzeigen, wie sehr unsere Medien das allgemeine Meinungsbild bestimmen und manipulieren. Und dann wundern sie sich, wenn verzweifelte Menschen von einer Lügenpresse sprechen.

Der Fachkräftemangel ist die Mutter aller Lügen, darauf baut sich alles auf!
Besonders abwegig ist die Vorstellung, durch den Zustrom der Flüchtlinge könnte der vermeintliche Fachkräftemangel behoben werden. Denn die Aufnahme und Integration der Flüchtlingsmassen verschlingt weit mehr Arbeitskräfte, als sich aus

dieser Gruppe rekrutieren lassen. Die Flüchtlinge kommen oft mit Kind und Kegel, über 50 Prozent der Erwachsenen haben keine Berufsausbildung, viele sind Analphabeten und deutsch kann so gut wie keiner.

Zur Versorgung, Ausbildung und Eingliederung der für 2015 erwarteten 1.000.000 Neuankömmlinge werden grob geschätzt 300.000 Fachkräfte benötigt, ohne dass zunächst auch nur ein einziger Asylbewerber in Arbeit und Brot kommen kann.

In den Folgejahren dürfte nur ein relativ kleiner Prozentsatz der Flüchtlinge einen versicherungspflichtigen Arbeitsplatz finden, der eine Hartz-IV-Versorgung erübrigen würde. Erst in ca. 20 Jahren, wenn die heutigen Flüchtlingskinder in das Arbeitsleben eintreten, könnte sich die Situation entspannen (falls die Integration erfolgreich verlief) und Flüchtlinge pauschal gesehen ihren eigenen Bedarf selbst erwirtschaften.

Aber wer von ihnen wird in 20 Jahren noch in Deutschland sein oder bleiben wollen? Zu befürchten ist, dass gerade die Erfolgreichen ihre alte Heimat wiederentdecken oder (bestens ausgebildet) in die USA, Großbritannien oder die Schweiz auswandern.

Naive Vorstellungen
Manche Leserbriefe in den Tageszeitungen belegen die Ahnungslosigkeit vieler Gutmenschen. So schlagen sie zum Beispiel vor, man könne doch aus dem Heer der Flüchtlinge genügend Ärzte und Krankenschwestern zur eigenen Versorgung rekrutieren. Diese Schlussfolgerungen ziehen sie, weil der medialen Propaganda vertraut wird. Aber, anders als oft behauptet, kommen nicht überwiegend Akademiker und gute Fachkräfte nach Deutschland.

Üer 50 % der erwachsenen Flüchtlinge haben überhaupt keine Berufsausbildung, bei jedem dritten Flüchtling handelt es sich um ein Kind, ebenso kommen auch alte Leute, Schwerkranke und Behinderte. Und traumatisiert sind sie fast alle (und damit ebenfalls kaum arbeitsfähig).

Geschichtsklitterung
In seiner vielbeachteten Rede am 9. 9. 2015 warb EU-Kommissionspräsident Juncker um Verständnis für die Flüchtlinge, denn schließlich habe es in der europäischen Geschichte auch zahlreiche Auswanderungswellen gegeben.

Doch der Vergleich hinkt gewaltig. Die Europäer sind in Zeiten ausgewandert, als weite Teile der Bevölkerung wegen landesweiter Missernten den Hungertod starben. Weil es noch keine Pestizide oder Dünger gab. Die Auswanderer besiedelten im 18. und 19. Jahrhundert in den USA nahezu unbewohnte Gebiete, wo sie keinerlei staatliche Unterstützung erhielten und das Land erst urbar machen mussten.

Auch im 20. Jahrhundert waren die Auswanderer in den USA weitgehend auf sich selbst gestellt. Die USA war außerdem von Anbeginn ein Einwanderungsland – es gab dort keine über Jahrtausende gewachsene nationale Kulturen (nur die spärliche Besiedelung durch Indianerstämme).

Auch Junckers Verweis auf die ach so niedrige Flüchtlingsquote von nur 0,1 Prozent innerhalb der EU halte ich für unaufrichtig. Deutschland hat nach dem Kriege allein schon 12 Millionen Vertriebene aufgenommen. Und bei den später ankommenden Zuwanderern (16 Millionen Menschen in Deutschland haben einen Migrationshintergrund) handelte es sich größtenteils auch um Wirtschaftsflüchtlinge.

So gesehen kann allein Deutschland schon ca. 20 Millionen Flüchtlinge aufweisen (ein Viertel der Gesamtbevölkerung). Nochmals sei darauf hingewiesen, dass die immer wieder als überragend gepriesene Hilfe der syrischen Anrainerstaaten Türkei, Libanon und Jordanien nicht überbewertet werden darf. Was sind schon eine Million Flüchtlinge, wenn man kaum etwas für sie tut und sie in großen, von den internationalen Hilfsorganisationen finanzierten Zeltlagern (weitgehend abgeschirmt von der übrigen Bevölkerung) vegetieren lässt?

„Niemand dürfe Ängste schüren!"
Nicht genug, dass in unserer „Demokratie" eine Regierung recht selbstherrlich einen Flüchtlingsansturm auslösen darf – den Kritikern dieser Völkerwanderung will man offensichtlich auch noch den Mund verbieten. Sie werden nicht nur öffentlich als islam- oder ausländerfeindlich beschimpft, ihnen wird auch noch vorgeworfen, unnötige Ängste zu schüren. Zwar gilt bei uns offiziell noch die Meinungsfreiheit, aber man soll doch bitte schön den Mund halten, mit Kritik sparsam umgehen und ja nicht aufmucken.

Doch wie entwickelt sich ein Staat von Jasagern und Claqueren, in denen Andersdenkende gemobbt und ausgegrenzt werden? Die amtierenden Machthaber können dann unbeirrt ihr Ding durchziehen, ohne Rücksicht auf Verluste und gegen die Interessen des eigenen Volkes.

Über dem Eingangsportal des Bundestages prankt in großen Lettern der Leitspruch „DEM DEUTSCHEN VOLKE". Welch ein Hohn! Schon lange (auch wegen der EU- und Euro-Politik) müsste es doch eher heißen „DEN AUSLÄNDISCHEN VÖLKERN". Dazu passt, wenn selbst im öffentlich-rechtlichen Fernsehen prominente Volksvertreter stolz beteuern, ihr Herz schlage nun einmal für Europa, nicht aber für Deutschland.

Flüchtlinge sollten aufrichtig informiert werden!
Würden potentielle Wirtschaftsflüchtlinge wissen, dass es nicht einmal in Deutschland einen Fachkräftemangel gibt und dass sie in Europa alles andere als willkommen sind, würden viele von ihnen die lebensgefährlichen Fluchtstrapazen gar nicht erst auf sich nehmen.

Australien zum Beispiel ist da ganz resolut und aufrichtig. In ungeschminkten Aufklärungsfilmen wird den potentiellen Flüchtlingen die australische Haltung dargelegt. Man sagt ihnen klar und deutlich, dass Flüchtlinge unwillkommen sind und konsequent in die Heimatländer zurückgeschickt werden.

Was ist Zivilcourage?
Ist jemandem schon einmal aufgefallen, wie parteiisch Zivilcourage definiert wird? Es sind merkwürdigerweise immer nur die Befürworter der grenzenlosen Zuwanderung, denen öffentliche Anerkennung zuteil wird und die mit Orden und Ehrenpreisen überhäuft werden.

Eine naive Willkommenskultur hat meines Erachtens wenig mit Zivilcourage zu schaffen! Es ist doch eigentlich genau umgekehrt. Mut beweist, wer auch unangenehme Wahrheiten ausspricht, anstatt den biederen Gutmenschen herauszukehren und so zu tun, als könne Deutschland die Probleme dieser Welt lösen. Wer als Realist offen und ehrlich die Grenzen der Belastbarkeit aufzeigt (um eine sich abzeichnende Katastrophe zu verhindern), riskiert seinen guten Ruf und muss mit Repressalien rechnen. Eine freie Meinungsäußerung ist in Deutschland nur genehm, wenn sie im Einklang steht mit dem öffentlich geförderten Mainstream.

„Die EU muss das hinbekommen!"

„Die EU ist gefordert. Sie muss für eine gerechte Verteilung der Flüchtlinge sorgen!" Manche Träumer glauben tatsächlich noch an die Handlungsfähigkeit der EU. Als ob diese Vereinigung jemals schon echte Probleme gelöst hätte. Die vielbeschworene Wertegemeinschaft gibt es nicht, sie gab es noch nie. Es ging und geht den meisten Mitgliedstaaten immer nur um die Umverteilung zu ihren Gunsten, um die Durchsetzung der Eigeninteressen.

Es wäre schön, wenn durch die Flüchtlingskrise die EU-Enthusiasten endlich geläutert würden und auf den Boden der Tatsachen zurückfänden. Es wäre schön, wenn endlich begriffen würde, dass die schönsten EU-Verträge nichts nützen, wenn sie von einzelnen Staaten nicht ernstgenommen werden. Oder glaubt jemand ernsthaft, dass, wenn es tatsächlich einmal zu einer Quotenregelung kommen würde, diese auch eingehalten wird (bzw. die Flüchtlinge sich darauf einlassen werden)? Vor der Einführung des Euro wurde den Bürgern auch alles Mögliche versprochen – doch was ist daraus geworden?

Scheitert die EU an der Zuwanderung?

Die europäische Solidarität wäre überfordert, sollte der Massenansturm aus Asien und Afrika unvermindert anhalten. Die anderen EU-Staaten werden nicht ausbaden wollen, was durch die deutsche Willkommenskultur in Gang gesetzt wurde. Eine gerechte Verteilung nach Quoten wird es ohne Erpressung der anderen EU-Staaten kaum geben.

Die deutsche Regierung fühlt sich im Stich gelassen (obwohl sie das Desaster zu verantworten hat) und wird (falls nicht baldigst eine Kehrtwende eingeleitet wird) von der Flüchtlingswelle regelrecht überrollt – der Zusammenbruch des Sozialstaates ist dann kaum noch vermeidbar.

Zumal jederzeit die durch das Billiggeld künstlich entfachte Konjunktur einbrechen kann – erste Anzeichen hierfür sind schon erkennbar.

Die EU ist keine Solidargemeinschaft!

An der Flüchtlingsproblematik zeigt sich einmal mehr, wie es um die Solidarität in der EU wirklich bestellt ist. Solange Deutschland und einige andere Wohlfahrtsstaaten zahlen, ist alles okay. Aber wehe, wenn es einmal nicht um Vergünstigungen und Transferleistungen geht. Dann wird sich weggeduckt, wird abgelehnt und blockiert.

Kann die Verteilungsquote in der EU funktionieren?
Deutschland setzt in seiner Not alle Hoffnungen auf die Solidarität der EU-Gemeinschaft, also die Verteilung der Flüchtlinge nach einer gerechten Quote. Doch kann diese Quote überhaupt funktionieren? Wie will man Flüchtlinge zwingen, wenn sie auf keinen Fall in Polen, Rumänien oder Ungarn bleiben wollen? Will man die Flüchtlinge in militärisch abgeriegelte Hochsicherheitslager einsperren? Und falls nicht, wie will man zu allem bereite Flüchtlinge in einer EU ohne Landesgrenzen hindern, doch nach Deutschland zu strömen?

Wird man ihnen dann in Deutschland jegliche Unterstützung versagen (wo wir doch die Erfinder und Hüter der Menschenwürde sind)? Wird man Hunderttausende im Hungerstreik befindliche Flüchtlinge mit Gewalt in die verhassten Quotenländer zurückführen (von wo aus sie dann erneut flüchten können)?

Wie man es auch dreht und wendet, man wird aus dieser Nummer schwerlich wieder herauskommen. Ich halte es für naiv zu glauben, eine Verteilungsquote könnte eine Eskalation der Flüchtlingsproblematik dauerhaft aufhalten.

Vizekanzler Sigmar Gabriel warnte am 10. 9. 2015, Europa würde scheitern, wenn die EU-Staaten nicht zur Vernunft kämen (bezüglich einer fairen Quotenregelung). Die meisten EU-Staaten aber werden vermutlich Gabriels Version von Vernunft nicht teilen. Folglich wird die EU scheitern!

Die Logik der Verteilungsquote
Muss ein dichtbesiedeltes Land mehr aufnehmen als ein dünnbesiedeltes? Wer macht eigentlich diese verquere Logik zur Selbstverständlichkeit?

In früheren Jahrhunderten wurden Menschen angeworben, um unbewohnte Gebiete zu erschließen. Heute scheint man zu meinen, dichtbesiedelte Gebiete seien der ideale Ort, um dort noch mehr Menschen anzusiedeln. Die Bevölkerungszahl eines Landes als maßgeblichen Faktor bei der Verteilung der

Flüchtlinge anzusetzen halte ich für fragwürdig. Die Größe eines Landes (die bewohnbare Fläche) spielt schließlich auch eine gewichtige Rolle.

Auch die Wirtschaftskraft eines Landes scheint mir ein zweifelhafter Gradmesser. Denn in einem Land mit niedrigem Durchschnittseinkommen sind nun einmal auch die Lebenshaltungskosten viel niedriger.

Ministerpräsident Orban:
„Die Flüchtlinge sind kein europäisches, sondern ein deutsches Problem!"
Deutsche Politiker empören sich über diese Aussage des ungarischen Staatschefs. Aber hat Herr Orban wirklich so Unrecht? Wollen nicht die meisten Flüchtlinge unbedingt nach Deutschland, weil sie den Verlockungen der deutschen Propaganda und des deutschen Wohlstandsstaates erliegen? Weil sogar unsere Bundeskanzlerin im Fernsehen öffentlich bekundet, jeder habe das Recht, in Deutschland Asyl zu beantragen. Weil ständig in unseren Medien der Fachkräftemangel ausgerufen wird. Weil unsere demografische Entwicklung als Katastrophe dargestellt wird. Weil bereits den Asylbewerbern hierzulande großzügige staatliche Hilfen zustehen. Weil eine staatlich organisierte Willkommenskultur den Bedürftigen in aller Welt suggeriert, sie werden hier dringend gebraucht und sie seien höchst erwünscht. Weil es sich längst herumgesprochen hat, dass unser Rechtsmittelstaat es in der Regel kaum hinbekommt, abgelehnte Asylbewerber abzuschieben.

Ich denke, der ungarische Ministerpräsident hat weit mehr Realitätssinn als viele deutsche Bundespolitiker. Warum sollten andere EU-Staaten die naive deutsche Willkommenskultur ausbaden?

Sind Flüchtlinge aus fernen Erdteilen ein europäisches Problem?
Es ist schon merkwürdig, wenn von unseren eigenen Medien und Politikern der Flüchtlingsstrom aus Asien und Afrika als europäisches Problem angesehen wird.

Wieso sehen sich die USA nicht in der Pflicht (schließlich haben sie durch ihre diversen Militärinterventionen zur Destabilisierung der arabischen Welt wesentlich beigetragen). Besonders arg habe ich den Irakkrieg 2003 in Erinnerung.

Mit gefälschten Beweisen hatten die US-Geheimdienste der Welt vorgegaukelt, der Irak verfüge über ein großes Arsenal an Massenvernichtungswaffen und Saddam Hussein müsse deshalb gestürzt werden. Ähnlich hatte 1939 Hitler argumentiert, um seinen Überfall auf Polen zu rechtfertigen („Ab 5.45 Uhr wird zurückgeschossen!").

Und warum sollen die reichen Golfstaaten nicht helfen, die mit ihren Geldern den Aufstieg der IS und der Taliban erst ermöglichten?

Ich erwarte von unseren Politikern und Medien mehr Objektivität. Anstatt der eigenen Bevölkerung ein schlechtes Gewissen einzureden und unbegrenzte Opfer abzuverlangen, sollten zunächst einmal die USA, die Golfstaaten und die Krisen-Anrainerstaaten in die Pflicht genommen werden.

Schon ewig heißt es:

„In der EU einigt man sich nicht. Es sei denn, Deutschland zahlt."

Dann scheitert Europa ...

Man kennt es zur Genüge: Immer wird mit dem Scheitern „Europas" gedroht – auch wieder in der Flüchtlingsfrage. Diesmal heißt es: „Wenn Europa sich nicht solidarisch zeigt und die Flüchtlinge gerecht auf die Nationalstaaten verteilt, dann ...". Wir kennen diese Art von Drohkulisse aus anderen Begebenheiten. Man denke nur an den Euro, die Griechenlandkrise, die Billiggeldschwemme usw.. Immer wieder wird „Solidarität" eingefordert, womit eine weitgehende Umverteilung (hauptsächlich zu Lasten Deutschlands) gemeint ist.

Nach wie vor behaupte ich, die EU kann auf Dauer nicht funktionieren. Und der Euro schon gar nicht! Die EU, dieses undemokratische, überregulierte Bürokratiemonstrum, wird unserem Kontinent mehr und mehr zum Verhängnis. Insofern ist es schon paradox, ständig mit dem Scheitern „Europas" zu drohen, wo es doch lediglich um den Zerfall dieser unseligen Transferunion geht. Es wäre m. E. ein Segen für Europa und die europäischen Nationalstaaten, von diesem Joch der Lähmung und Abhängigkeit befreit zu sein.

Erst wenn die pervertierte Subventionspolitik abgeschafft und vernünftige Zollgrenzen errichtet werden, können sich wirtschaftlich schwache EU-Staaten mit hoher Massenarbeitslosigkeit berappeln. Weil Importsteuern die globale Billigkonkurrenz eindämmen und der heimischen Wirtschaft eine gewisse Chancengleichheit eröffnen.

Bekanntlich schaffte es selbst die verhältnismäßig kleine DDR (17 Millionen Einwohner) trotz hemmender Planwirtschaft, ihren Eigenbedarf weitgehend selbst herzustellen. Die Massenarbeitslosigkeit, wie wir sie in vielen EU-Staaten beklagen, ist kein natürliches Phänomen, sondern Folge eines globalen Freihandelswahns (Näheres dazu finden Sie in meinem Buch „DER FREIHANDELSWAHN").

Der Freihandelswahn ist übrigens auch für die wirtschaftlich desolate Lage vieler Entwicklungsländer verantwortlich. Mit der internationalen Konkurrenz des Großkapitals und der Großkonzerne kann es nun einmal ein kleiner heimischer Hersteller niemals aufnehmen. Das geht nur, wenn die erdrückende Konkurrenz von außen im Zaum gehalten wird.

Ist das christlich?

Oft wird uns über die Medien die provokante Frage gestellt, ob es christlich sei, Flüchtlinge abzulehnen oder abzuwehren. Das nervt! Vor allem, weil die Vorhaltungen häufig von Leuten kommen, die herzlich wenig mit dem Christentum anzufangen wissen, diesen Glauben verhöhnen und ein absurdes Anspruchsdenken daraus ableiten. Ist also, wer sein Land nicht den anstürmenden Flüchtlingsmassen preisgibt, unchristlich? Gehört die Selbstaufgabe zur christlichen Lehre? An dieser Stelle darf ich vielleicht an das 10. Gebot erinnern das da lautet: „Du sollst nicht begehren Deines Nächsten Hab und Gut." Das ist doch recht eindeutig. Ich darf mich nicht in der schönen Villa meines Nachbarn einnisten und die afrikanischen Völker haben keinen moralischen Anspruch darauf, auf den Aufbau ihres Heimatlandes zu verzichten und es sich in unserem Sozialstaat gutgehen zu lassen.

Das Christentum ist also bei aller Nächstenliebe nicht mit der kommunistischen Umverteilungslehre gleichzusetzen. Die hämischen Appelle an unser Gewissen bzw. die abgehobenen Forderungen an das Christentum sind unredlich.

Wenn man schon die Religion in die Flüchtlingsdebatte einbeziehen will, so drängt sich eine ganz andere Frage auf: „Ist das Verhalten des IS islamisch?". Würde diese Frage in unseren Medien mutiger aufgearbeitet, wären vermutlich keine 1000 Fanatiker aus Deutschland aufgebrochen, um den IS zu unterstützen.

Welche Bedeutung haben unsere freiheitlichen Werte?

Um die große Mehrheit der flüchtenden Muslime braucht man sich keine Sorgen machen – sie sind im Glauben gemäßigt und weitgehend tolerant.

Aber eine nicht zu unterschätzende Zahl verachtet unsere westlichen Werte. Die Gleichberechtigung von Mann und Frau wollen sie auf keinen Fall akzeptieren. Sie lassen sich von arabischen Sendern aufhetzen und betrachten Andersgläubige als Ungläubige. Unsere demokratische Ordnung und unser westlicher Lebensstil ekelt sie an. Sie fühlen sich uns moralisch überlegen und denken nicht im Traum daran, sich ein wenig anzupassen. Sie bestreben einen Wandel in unserer Gesellschaft: Die Abkehr von der liberalen, weltoffenen Toleranz und die Ausbreitung strengislamischer Verhaltensregeln. Solange der Koran scheinbar beliebig interpretiert werden kann, muss man sich vor dieser muslimischen Minderheit fürchten. So zu tun, als kämen nach Deutschland ausschließlich wohlwollende, aufgeklärte Muslime, wäre fahrlässig.

Wachsender Antisemitismus
Durch den Zustrom der Muslime fühlen sich Juden in Deutschland zunehmend bedroht. Schon in den Schulen wird deutlich, dass unter den Muslimen der Antisemitismus recht verbreitet ist. Jüdische Kinder werden, wenn sie sich als solche zu erkennen geben, von ihren muslimischen Mitschülern häufig gemobbt, beleidigt und beschimpft.

Die intolerante Grundhaltung vieler muslimischer Schüler wird geprägt durch das Elternhaus und arabische Fernsehsender. Der Hass gegen Juden wird mit Lügengeschichten untermauert. Der Bericht einer jüdischen Lehrerin im Spiegel (Heft 47/2015) hat selbst mich erschüttert.

Darf man den Extremisten das Feld überlassen?
Ist es eine gute Strategie, dem IS und den Taliban das Feld zu überlassen? Wie entwickelt sich die islamische Welt, wenn ein Staat nach dem anderen von Terrormilizen okkupiert wird und weite Teile der Bevölkerung die Flucht ergreifen? Auch weil deutsche Politiker und deutsche Medien signalisieren, Kriegsflüchtlinge hätten ein Anrecht auf Asyl in Deutschland.

Die bedrängten Staaten in Vorder- und Mittelasien sowie in Afrika werden durch den Massenexodus entvölkert, so dass eine Gegenwehr kaum mehr möglich ist (ohne Bevölkerung kann sich auch keine reguläre Armee halten). Und einmal weitergedacht. Wenn schließlich eines Tages ein Großteil der 1,6 Milliarden Muslime, die es auf der Welt gibt, ihre Herkunftsstaaten verlassen haben, werden dann nicht deren neue Heimatländer (also auch Deutschland) neue Begehrlichkeiten wecken? Dann gilt es doch wohl, auch diese Länder im Sinne eines islamischen Radikalismus umzugestalten (um die gemäßigten Glaubensbrüder vor der Verderbnis zu retten).

Eine kleine Minderheit vertreibt die große Mehrheit
In Syrien, im Irak und in Afghanistan leben, wenn man unseren Medien glauben schenken darf, fast ausschließlich fried-

fertige Bürger. Die islamistischen Fanatiker sind stark in der Minderheit. Das Kräfteverhältnis liegt vielleicht bei 99 zu 1. Wenn dem tatsächlich so ist, so fragt man sich doch, wieso die übergroße Mehrheit sich gegen die kleine Schar der Terroristen nicht zur Wehr setzen kann. Was ist da los? Warum meinen 25 Millionen Syrer, Iraker, Afghanen fliehen zu müssen, weil einige zehntausend Extremisten die Regierung stürzen und das Land beherrschen wollen? Wären nur 100.000 Flüchtlinge bereit, gegen den Islamischen Staat oder die Taliban zu kämpfen (so wie es die Kurden tun), so wäre der Spuk doch nach wenigen Monaten vorbei.

Eingeschleppter Terrorismus?
Kann es sein, dass im Schutze der Flüchtlingsscharen auch islamistische Terroristen nach Deutschland kommen? Unsere amtlichen Beschwichtiger weisen solche Gedankenspiele weit von sich. Man müsse das Flüchtlings- und Terrorismusproblem strikt trennen, heißt es wohlfeil. Man könne doch die bedrohten Menschen, die vor den Taliban und dem IS fliehen, nicht unter Generalverdacht stellen. Damit haben sie sicher recht. Aber nicht wegzudiskutieren ist auch die dunkle Seite.

Als Flüchtlinge getarnte Terroristen gelangen zumindest vereinzelt auch in unser Land und gefährden damit die innere Sicherheit. Zumal unser Staat es nicht einmal schafft, alle Einreisenden zu registrieren. Schon mit der Zählung hapert es. Man weiß gar nicht, wieviele kommen bzw. gekommen sind. Denn es gibt seit Schengen nicht einmal mehr Staatsgrenzen. Die sind unnötig, die braucht man nicht, heißt es lapidar.

Akzeptieren alle Muslime
unsere freiheitlichen Wertevorstellungen?
99,9 Prozent der Muslime, die zu uns wollen, kommen vermutlich in friedlicher Absicht. Sie sind keine Radikalen und auch keine Terroristen. Die Frage ist nur, ob das ewig so bleibt. Was ist, wenn in zehn Jahren viele Flüchtlinge bei uns immer noch nicht Fuß gefasst haben und vom Leben enttäuscht sind? Manche dieser „gescheiterten" Existenzen lassen sich nach bisherigen Erfahrungen radikalisieren oder gleiten ins kriminelle Millieu ab. Noch sind die Flüchtlinge voller Hoffnung und deshalb fügsam und geduldig. Aber später werden sich nicht alle Loser mit ihrer Rolle abfinden.

Welche Schlussfolgerungen ergeben sich bei einer aufrichtigen Analyse des Flüchtlingsproblems?

1. Deutschland ist nicht das Weltsozialamt! Es muss keineswegs Flüchtlinge aus anderen Erdteilen aufnehmen. Es gibt kein Völkerrecht auf Asyl.

2. Deutschland kann nicht Flüchtlinge übernehmen, die andere EU-Staaten abweisen (bzw. weiterleiten).

3. Nur in Ausnahmefällen können die Flüchtlinge eine echte politische Verfolgung nachweisen!

4. Das Schengener Abkommen hat sich nicht bewährt! Deutschland braucht wieder Grenzkontrollen, damit andere sichere EU-Staaten nicht gesetzwidrig ihre Flüchtlinge nach Deutschland schicken.

5. Die Willkommenskultur in Deutschland setzt falsche Signale! Die Willkommenskultur wird von den in bitterster Armut lebenden Menschen als offene Einladung verstanden.

6. Die verlogene Proklamation des Fachkräftemangels tut ihr Übriges! Viele Arbeitslose und Unterbezahlte in den Armutsregionen glauben tatsächlich, sie werden hier unbedingt gebraucht und können hier gutes Geld verdienen.

7. Auch die Parole „Deutschland stirbt aus" nährt falsche Hoffnungen! „Deutschland stirbt aus? Dann kommen wir ja gerade recht, denn wir werden den Trend schon umkehren, wir sind äußerst kinderlieb!" Man darf sich nicht wundern, wenn die in Deutschland geführten törichten Demografie-Debatten Asylanten zum Kommen anregen.

8. Wir brauchen einen freiwilligen Solidaritätsbeitrag! Wer für seinen Glauben eintritt, muss Kirchensteuern zahlen. Warum also nicht die Finanzierung der Flüchtlinge auf die gleiche freiwillige Basis stellen? Dann wird man sehen, wie viele Asylanten man aufnehmen kann und die großmäuligen Gutmenschen können unter Beweis stellen, wie ernst sie es meinen.

9. Wir brauchen mehr Ehrlichkeit und seriöse Prognosen! Wieviele Steuergelder muss Deutschland jährlich für die Flüchtlinge aufwenden? Wie wird mit abgelehnten Asylbewerbern verfahren? Wie wird sich die Bevölkerungsstruktur bei anhaltendem Flüchtlingstrend verändern? Ich denke, die Bundesbürger haben ein Recht darauf, das alles zu erfahren.

10. Die Bevölkerungsexplosion muss zum internationalen Thema werden! Weltklimakonferenzen gibt es inzwischen genug – aber über das übergeordnete Problem, die Bevölkerungsexplosion, wird weitgehend geschwiegen. Die Industriestaaten (und vor allem Deutschland) müssen dieses Tabuthema endlich in den Vordergrund rücken.

11. Den Entwicklungsländern muss effektiver geholfen werden. Welche unkonventionellen Möglichkeiten es gibt, habe ich ausführlich in meinem Buch "DAS KAPITAL und die Globalisierung" beschrieben.

12. Mehr Hilfe für die Anrainerstaaten
Das natürliche Fluchtziel für Syrer, Iraker, Afghanen, Somalier usw. ist bestimmt nicht Deutschland! Die angrenzenden Anrainerstaaten sind gefordert, die müssen viel mehr tun – mit internationaler Unterstützung versteht sich.

Zur Erinnerung: Kurz nach dem 2. Weltkrieg hat die zerbombte BRD trotz größter Hungersnöte innerhalb von Monaten zehn Millionen Flüchtlinge integriert.

Wie geht es weiter?

Wie ist es um die Zukunft Deutschlands bestellt, wenn es sich immer weiter herumspricht, welch ein großzügiger Sozialstaat Deutschland doch ist?

1. **Der Sozialstaat stößt an seine Grenzen, die Abgabenlast der Bürger steigt.**

2. **Leistung lohnt sich immer weniger!** Die Bereitschaft unserer Eliten zur Auswanderung nimmt zu.

3. **Besonders arg trifft es Niedrig- und Durchschnittsverdiener!** Ihnen wird im Beruf immer mehr abverlangt, während die realen Nettolöhne wegen der höheren Abgabenlast sinken. Für viele Durchschnittsverdiener wird es sich kaum lohnen, überhaupt noch zu arbeiten. Nicht wenige von ihnen werden die Konsequenzen ziehen, sich vom Arbeitsleben verabschieden und das bequeme Hartz-IV-Vollkaskosystem in Anspruch nehmen.

4. **So wird es vielleicht nur wenige Jahre brauchen, bis unser Sozialstaat zusammenbricht.** Dann werden sicher die Sozialleistungen drastisch gekürzt und die Begriffe Existenzminimum und Menschenwürde selbst vom Bundesverfassungsgericht und der SPD neu definiert werden müssen.

5. **Die künftige Bevölkerungsstruktur lässt sich kaum prognostizieren.** Bei anhaltendem Zuwanderungsstrom könnten bereits in zehn oder zwanzig Jahren Menschen mit Migrationshintergrund in der Überzahl sein. Was hätte in einer solchen Konstellation eine deutsche Minderheit zu erwarten? Hätte sie noch Einfluss auf die Politik?
Selbst wenn die Flüchtlingsströme nicht weiter anschwellen und sich auf dem Niveau dieses Jahres einpendeln, würden bereits in 20 Jahren die Deutschstämmigen in die Minderheit geraten (Gesamtbevölkerung ca. 105 Millionen, davon ca. 49 Millionen ohne Migrationshintergrund).

Die Willkommenskultur ist gescheitert!
Wer das drohende Desaster vermeiden will, muss sich allmäh-

lich von der Gutmensch-Willkommenskultur verabschieden. Allen potentiellen Asylanten sollte von vornherein klar sein, dass Deutschland nicht das gelobte Land ist, auf dessen Wohlstand sie einen Rechtsanspruch haben. Es müsste endlich die verlogene „Fachkräftemangel"-Propaganda beendet und die Hilfen für Flüchtlinge gekürzt werden.

Es werden immer mehr kommen!
Die angenehmen Lebensbedingungen im deutschen Sozialparadies sprechen sich weltweit herum. Deshalb werden mehr und mehr Menschen sich durchringen, den erfolgreichen Beispielen ihrer Bekannten und Verwandten zu folgen.

Die Völkerwanderung wird an Dynamik gewinnen.
Irgendwann wird Deutschland die Notbremse ziehen müssen und entweder die Grenzen dicht machen oder die Sozialhilfen allgemein bzw. für Flüchtlinge drastisch einschränken.

Die Frage ist nur, wann endlich dieser Wandel einsetzt. Geschieht es erst, wenn der Sozialstaat bereits bankrott ist, oder doch schon vorher? Geschieht es erst, wenn der Protest der bürgerlichen Mittelschicht eskaliert, oder doch schon vorher. Geschieht es erst, wenn es unter den Asylanten und Zuwanderern zu Unruhen und Glaubenskriegen kommt, oder doch schon vorher?

Das Land der Geisterfahrer?
Wie kommt es nur, das nahezu ganz Europa versucht, den Zustrom der Kriegs- und Wirtschaftsflüchtlinge aus fernen Erdteilen abzuwehren, Deutschland aber die Willkommenskultur erfindet? Sind die anderen Staaten alle inhuman und haben sie das Asylrecht nicht verstanden – oder ist es etwa umgekehrt?

Unsere linkspopulistischen Gutmenschen sehen sich als das Maß aller Dinge. Wer in Deutschland verhindern will, dass der ungebremste Zustrom unsere freiheitliche, offene Gesellschaft überfordert und zerstört, wird als islam- und fremdenfeindlich eingestuft und von Hasspredigern beleidigt.

Schlusswort

Manch Voreingenommener mag angesichts dieses Buches mutmaßen, ich stehe dem rechten Lager nahe oder sympathisiere gar mit den Neonazis. Das ist aber beileibe nicht der Fall. Mir eine Ausländerfeindlichkeit zu unterstellen wäre mehr als albern. Ich hege absolut keine Vorurteile gegen in Deutschland lebende Ausländer und betrachte einen angemessenen Ausländeranteil in unserer Gesellschaft als sinnvolle Bereicherung. Aber ich vertrete die Ansicht, dass es gerade für ein dichtbesiedeltes Land auch Grenzen der Aufnahmemöglichkeiten gibt. Sogar der ehemalige Bundeskanzler Helmut Schmidt äußerte seinerzeit „Das Boot ist voll!". Seitdem hat sich der Ausländeranteil verdreifacht.

Anlass für meine Einlassung zu diesem heiklen Thema waren die ständigen, unwidersprochenen Proklamationen in den Medien mit dem Tenor „Deutschland ist ein Einwanderungsland!" und „Wir brauchen unbedingt mehr Zuwanderung".

Während alle anderen europäischen Staaten ihren Nationalstolz pflegen, sieht man in Deutschland die schleichende Umformung zum Multi-Kulti-Staat, zur vaterlandslosen EU-Provinz bzw. zum Niemandsland (in dem sich niemand mehr so richtig heimisch und verantwortlich fühlt) als beschlossene Sache.

Ich befürchte, dass es in der Bevölkerung irgendwann ein böses Erwachen geben wird, angesichts eines unfinanzierbar werdenden Sozialstaates und der dann zu erwartenden verstärkten Abwanderung der Eliten. Mir graut davor, dass in der Bevölkerung der Unmut gegen den Sozialmissbrauch wächst und eines Tages alle fremdländisch aussehenden Migranten (insbesondere aber die Muslime) pauschal als Sündenböcke herhalten müssen, verachtet und verfolgt werden.

Nach Deutschland kommen ausschließlich Wirtschaftsflüchtlinge!

Warum wird immer wieder die Wahrheit verdreht? Warum werden Wirtschaftsflüchtlinge als Kriegsflüchtlinge bezeichnet?

Sobald ein Kriegsflüchtling einen sicheren Staat erreicht hat, ist sein Leben nicht mehr in Gefahr. Genügt dem Flüchtling dieser sichere Staat nicht und zieht es ihn weiter, **wird aus dem Kriegsflüchtling ein Wirtschaftsflüchtling.**

Dies sollte doch jedem vernunftbegabten Menschen einleuchten. Warum wird in den Medien dieser klare Sachverhalt verschleiert? Warum werden der deutschen Bevölkerung Wirtschaftsflüchtlinge als Kriegsflüchtlinge verkauft?

Darf man sich angesichts dieser krassen Täuschungsmanöver noch wundern, wenn besorgte Bürger von einer Lügenpresse sprechen oder Politiker für unaufrichtig halten?

Es ist doch geradezu aberwitzig, Kriegsflüchtlinge eine Reihe von sicheren Staaten passieren zu lassen, bis sie endlich im Land ihrer Träume angekommen sind. Einem Land, das von ihrer alten Heimat extrem weit entfernt ist – nicht nur geografisch, sondern auch sprachlich, kulturell und klimatisch.

„DAS KAPITAL" in 3 Bänden

Streitschrift gegen verhängnisvolle Vorurteile und politische Ignoranz. Ohne Umschweife werden die gravierendsten Denkfehler und Irrtümer enttarnt und nicht gezögert, auch Tabuthemen vorbehaltlos aufzugreifen. Denn wenn die Politik es wirklich wollte, ließen sich auch die ärgsten Staatsprobleme rasch lösen. Der Niedergang Deutschlands und der westlichen Welt ist kein unabwendbares Schicksal – er ist hausgemacht (die Folge einer verfehlten, unlogischen Lobbypolitik).

Band I (das Hauptwerk)
„DAS KAPITAL und die Globalisierung",
172 Seiten, Format 17x22 cm, 13,50 Euro

Band II
„DAS KAPITAL und die Weltwirtschaftskrisen",
60 Seiten, Format 17x22 cm, 4,80 Euro

Band III
„DAS KAPITAL und der Sozialstaat"
Umverteilung bis zur Perversion? Wann kollabiert das Sozialsystem? 104 Seiten, Format 17x22 cm, Euro 7,90

Bezug über den Internet-Buchhandel (dort meistens vorrätig) oder den stationären Buchhandel (muss dort normalerweise erst bestellt werden, Lieferzeit dann 1-2 Wochen).

Zu den Ausführungen in diesem Buch: Was die Fakten betrifft, war ich meistens auf die Mitteilungen in den Medien angewiesen. Sollten Sie bemerken, dass in der Sache eine Zahl oder eine Behauptung nicht stimmt, sich irgendwo ein Fehler eingeschlichen hat oder ich mich im Ton vergriffen habe, so können Sie es mir gerne unter m.mueller@iworld.de per Email mitteilen. Ich halte mich absolut nicht für unfehlbar oder das Maß aller Dinge. Berechtigte Beanstandungen könnte ich dann in einer neuen Auflage berücksichtigen.